AF534268

KLARTEXT

Bildnachweis:
Imago images: /Michael Weber S. 4/5; /Eibner S. 6/7; /MIS S. 9, 25, 70/71, 93; /Pressefoto Baumann S. 22, 27, 31, 35, 39, 43 Mitte, 46, 49, 66, 79 o., 79 u., 83, 89, 90, 91, 98 o., 99 Mitte, 100 Mitte, 105 o., 105 u., 106, 112; /Horstmüller S. 29; /WEREK S. 34, 36, 40, 73; /Werner Otto S. 43 o.; /Kicker Liedel S. 43 u.; /HJS S. 45 o., 45 u.; /Sportfoto Rudel S. 47, 56, 57, 61, 67, 68, 97, 98 u., 99 o., 100 o., 103, 104, 107; /Sven Simon S. 59, 88, 92, 115; /Kicker/Liedel S. 64; /Alfred Harder S. 77; /Offside Sports Photography S. 78 o.; /Mary Evans S. 78 u.; /Avanti S. 85; /ExSpo S. 99 u.; /ULMER Pressebildagentur S. 100 u.; /7aktuell S. 113 (0078736246h); picture alliance: /Harro Schweizer S. 14; /Pressefoto Baumann/Alexander Keppler S. 16; Horstmüller S. 23

Bibliografische Information der Deutschen Nationalbibliothek
Die Deutsche Nationalbibliothek verzeichnet diese Publikation in der Deutschen Nationalbibliografie; detaillierte bibliografische Daten sind im Internet über portal.dnb.de abrufbar.

Impressum
1. Auflage Oktober 2022
Layout und Satz: Achim Nöllenheidt
Umschlaggestaltung: Guido Klütsch
Umschlagabbildungen: Imago images: /HJS, /Sportfoto Rudel, /Fishing 4; privat
Adobe Stock: @BillionPhotos.com; Wikipedia: Raizy
Druck und Bindung: Linsen Druckcenter GmbH, Siemensstraße 12–14, 47533 Kleve

© Klartext Verlag, Essen 2022
ISBN 978-3-8375-2490-1

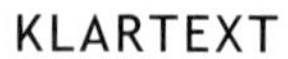

Jakob Funke Medien Beteiligungs GmbH & Co. KG
Jakob-Funke-Platz 1, 45127 Essen
info.klartext@funkemedien.de
www.klartext-verlag.de

Bernd Sautter

VfB Stuttgart

**Populäre Irrtümer
und andere Wahrheiten**

Inhalt

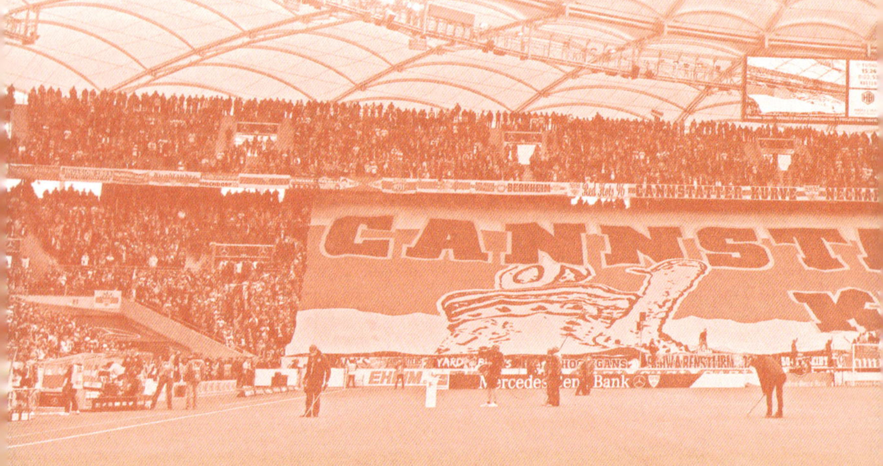

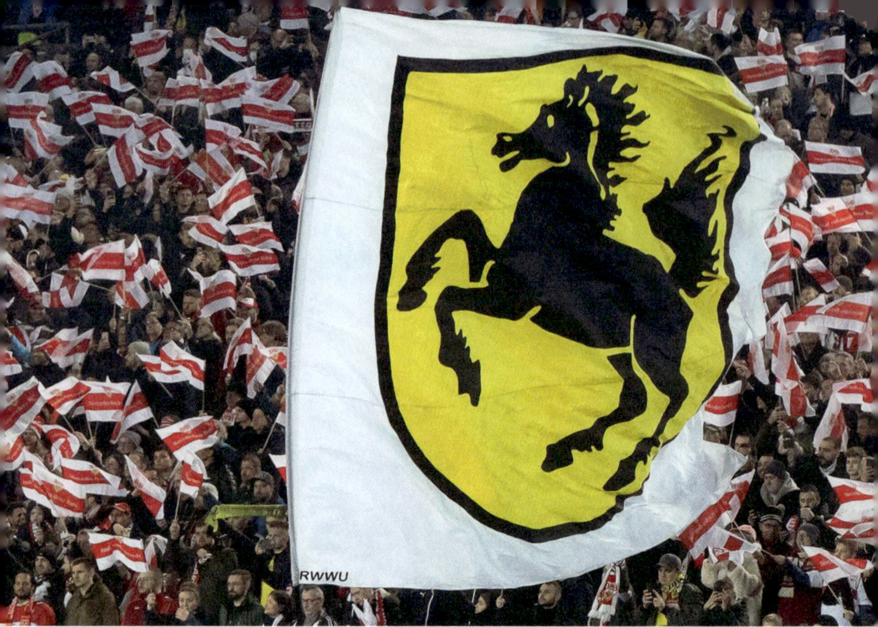

Zum Geleit

Unberechenbar seit 1893. Darum lieben wir diesen Verein. Beim VfB kannst Du nie wissen, was in der nächsten Saison, im nächsten Spiel, in der nächsten Sekunde passiert. Der VfB ist gut darin, aus viel Budget wenig zu machen – und aus wenig Geld alles herauszuquetschen. Mitunter kontert der Klub Abgesänge mit der Meisterschale. Um in der Meistereuphorie seine schönsten Fehler zu begehen. Der VfB verschläft Vorrunden. Und repariert die Sache mit einer Raketenserie im März. Dann verliert er im Mai gegen Wehen – und haut im Dezember Dortmund mit 5:1 aus deren Stadion. Der VfB trifft eine liebe, lange Saison aus drei Metern kein Scheunentor – und rettet die Sache in der Nachspielzeit. Oder steuert souverän auf Meisterkurs. Und fabriziert zu Hause ein Unentschieden gegen Wattenscheid 09.

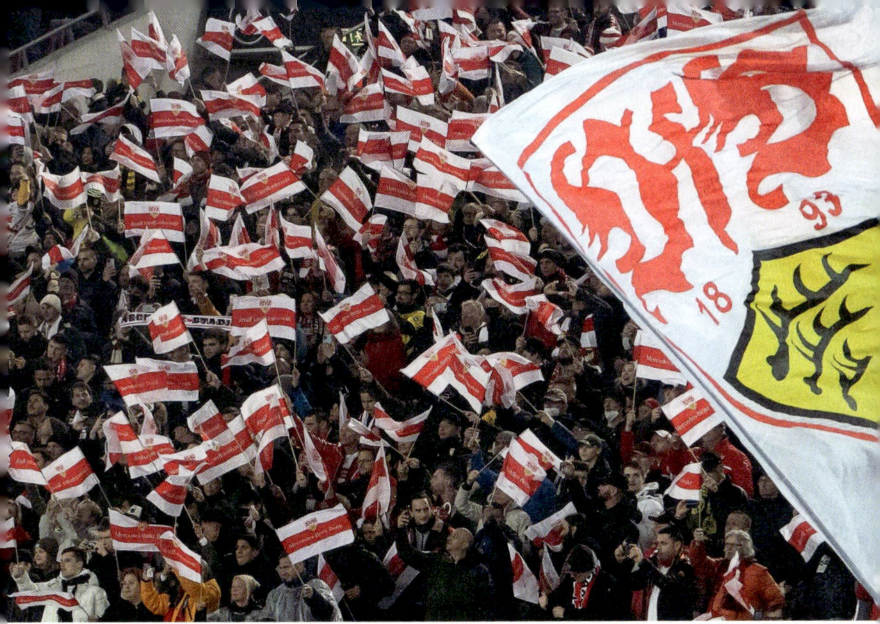

Dieser Verein ist unser Leben. Weil er ist wie unser Leben. Eigentlich erstklassig. Doch plötzlich läuft es anders. Beim VfB kann das jedes Wochenende passieren. Darum gehen wir hin. Wir müssen nach ihm schauen. Als Fußball-Schwabe (m/w/x) musst Du Dich kümmern. Egal, wo Du geboren bist. Egal, ob Du am Spieltag etwas anderes vorhast. Und ganz gleich, ob Du letzte Woche bitter enttäuscht wurdest. Der VfB bleibt wichtig. Schau in Deinen Spiegel. Du erkennst den Brustring in seiner ganzen Bandbreite. Er hält Dich zusammen. Er verbindet uns.

Jaaaa, der VfB! Aufregend ist ja es immer. Nervenschonend selten. Manchmal geht es gut. Manchmal gibt es Wichtigeres als Fußball. Im Folgenden werden die Heldentaten in den Himmel gelobt, aber die Hundstage nicht ausgelassen. Du kannst nur richtig feiern, wenn Du weißt, wie sich die Niederlage angefühlt hätte. Gewiss: Auch dieses Buch wird nicht vorhersehen, ob es ein Happy End gibt beim nächsten Besuch im Naherholungsgebiet Neckarpark. Aber es erklärt, warum wir immer wieder hinschauen, auf das nächste Spiel unseres geliebten, unberechenbaren Clubs.

Die meiste Tradition

Damit das klar ist: Cannstatt ist der Ursprung des deutschen Fußballs. Mehr Tradition hat keiner. Das Rennen um die längste Tradition ist entschieden. Vergesst den ersten deutschen Meister (1903, VfB Leipzig). Vergesst die Hauptstadt des Deutschen Reiches (Berlin) und vergesst auch Prof. Dr. Konrad Koch, der die Regeln des Fußballspiels auf Deutsch formulierte (1874, Braunschweig). Alles junge Hüpfer! Der älteste Nachweis eines Fußballspiels auf deutschem Boden stammt aus Cannstatt. Hier wird schon 1865 gekickt: auf einer Wiese am Neckar.

Cannstatt – Nabel des Kontinents. Die Stadt ist in ganz Europa berühmt für mildes Klima und prickelnde Mineralquellen. Ein Treffpunkt der internationalen Avantgarde – so ähnlich wie heute Baden-Baden, nur noch mondäner. Gäste aus aller Herren Länder leben am Neckar, darunter viele Engländer. Und ein paar von denen haben einen Ball dabei.

Woher wir das wissen? Der Stuttgarter Sportpionier Philipp Heineken hält im Jahr 1930 seine „Erinnerungen an den Cannstatter Fußball-Club“ in einem Buch fest, das heute noch lesenswert ist. Darin zitiert er William Cail, der später Präsident der englischen Rugby Football Union wird. In einer Fußnote findet sich ein Wortlaut eines Briefs von Cail an Heineken. Unauffällig, aber für Historiker spektakulär. Cail erinnert sich sehr genau, im Jahre 1865 auf einer kleinen Wiese am Neckar mit Freunden gekickt zu haben. Sie spielten Football. So nannte man es damals, als Rugby und der Fußball, wie wir ihn heute kennen, ein und dasselbe waren.

Für die Wiege des deutschen Fußballs kann man sich keinen schöneren Platz aussuchen. Der deutsche Fußball wird 1865 geboren: in Cannstatt international, der großen Metropole im Zentrum des Königreichs Württemberg.

Geh mir fort mit Tennis!

Die Gründungsgeschichte des VfB ist kompliziert. Warum? Dafür ist der heutige Cannstatter Tennisclub verantwortlich, der damals noch den Namen Cannstatter Fußball-Club (CFC) trägt. Der stellt sich zweimal ungeschickt an. Das erste Mal im Jahr 1893. Junge, talentierte Kicker vom Stöckach wollen in den CFC aufgenommen werden. Doch sie werden hingehalten. Die Herren vom CFC sind sich zu fein. Dann eben nicht. Die Stöckach-Kicker gründen den FV Stuttgart 1893.

Auch beim zweiten Verein, der später den VfB bildet, ist der CFC im Spiel. Der Kronenclub Cannstatt entsteht, weil beim CFC plötzlich Tennis trendet. Das wiederum ist einigen jungen Cannstatter Kickern im Jahr 1897 zu doof. Schließlich ist Fußball viel besser als Tennis. Sie gründen den Kronenklub und kicken auf dem Cannstatter Wasen, bis es dunkel wird.

FV Stuttgart 1893 und Kronenklub fusionieren im Jahr 1912 zum VfB Stuttgart. Man schnappt sich die wundervolle Jahreszahl 1893 – als Ausgangspunkt einer großartigen Geschichte. Der VfB konzentriert sich auf Fußball, Leichtathletik, bald Hockey. Tennis? Nein, danke. Die Sportart überlässt man gerne dem CFC, der sich bald in Cannstatter Tennisclub umbenennt. Gut so. Gestandene Kicker finden Tennis nur gut, wenn ihre besten Zeiten vorbei sind.

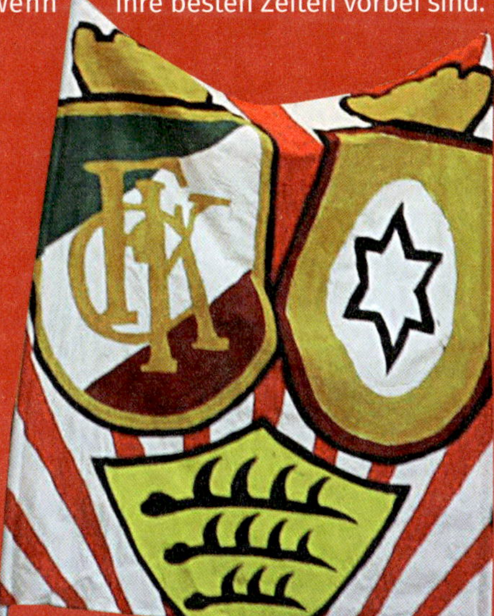

Doppelhalter mit den beiden Wappen der Vorgängervereine Kronenclub (li.) und FV Stuttgart 1893

Erster Deutscher Fast-Meister

Fast trägt sich der FV Stuttgart 1893 als erster Deutscher Meister in die Geschichtsbücher ein. Im Rugby! 1909 qualifiziert sich der Vorgängerklub des VfB als Südmeister fürs Finale. Stuttgart hat Heimrecht, Hannover ist Favorit. Bereits nach der ersten Halbzeit liegt der Nordmeister mit zwei Versuchen vorne. Endergebnis: 6:3 für den Fußsportverein Hannover 1897.

Tatsächlich konzentriert sich der FV Stuttgart 1893 einige Jahre auf Rugby. So groß ist der Unterschied nicht. Natürlich sind die Regeln in beiden Sportarten präzise definiert. Einfach gesagt: Rugby mit Hand. Fußball ohne. Für beide Sportarten ist ein Regelwerk geschrieben. Wie das auf dem Feld tatsächlich aussieht, dafür gibt es unterschiedliche Überlieferungen. Manche Quellen berichten, der Übergang zwischen den Sportarten ist damals mitunter fließend.

Warum der FV nach dem Endspiel zügig wieder zum echten Fußball wechselt, darüber kann man spekulieren. Fest steht: In Stuttgart fehlen gute Rugby-Gegner. Anders im Fußball: Die Stuttgarter Kickers, die Sportfreunde Stuttgart und der FC Union Stuttgart (später Stuttgarter SC) spielen längst in der höchsten Südkreisliga. Der FV von 1893 muss also einen Rückstand aufholen. Kein Problem. 1912 kommt der Kronenclub zu Hilfe. Jetzt entsteht etwas Großes. Etwas sehr Großes.

Derbysieger! Derbysieger! Hej! Hej!

Kein Mensch ahnt zu diesem Zeitpunkt, dass das Aufstiegsspiel im Frühjahr 1912 als erster Derbysieg in die Geschichte eingeht. Derbys gibt es damals gegen die Kickers, den Stuttgarter SC oder die Sportfreunde. FC Mühlburg als erstes großes Derby? Darauf kommt man erst später.

Tatsächlich geht es für den frisch fusionierten VfB in seinen ersten Spielen um alles. Der FV Stuttgart 1893 holt im Frühjahr 1912 endlich die Südkreismeisterschaft der B-Klasse. Eigentlich ist der Aufstieg perfekt. Plötzlich wird das Ligensystem reformiert. Im September werden weitere Aufstiegsspiele angesetzt – eine Feuertaufe für das VfB-Team aus FV und Kronenklub.

Der legendäre Außenseitersieg gegen den Karlsruher Stadtteilklub gelingt. Sogar auswärts. Copé Wendling macht die späte Kiste per Kopf. Fünf Minuten vor Schluss nagelt Mühlburg einen Elfer an die Latte. Aufstieg VfB! Der frisch fusionierte Klub steigt mit Siegen in den ersten beiden Begegnungen in die höchste Spielklasse auf. Wenn das kein gutes Omen ist ...

Nur drei Wochen später: Der VfB fegt Phönix Karlsruhe mit 3:1 vom Platz. Phönix kommt als Deutscher Meister des Jahres 1909. Die Weißroten sind Neuling in der höchsten Liga. Vierzig Jahre später fusionieren der FC Mühlburg und Phönix Karlsruhe zum KSC. Ob man das als zwei Derbysiege oder in der Summe als einen zählt, bleibt Ansichtssache.

Die Entdeckung

Wozu eigentlich? Die Aufstellung macht ja der VfB-Spielausschuss. So machen es auch viele andere Vereine. Reicht doch, Trainer braucht man nicht. Da ist der VfB kein Einzelfall. Bis 1924. Zur Saison 24/25 wird ein hauptberuflicher Trainer verpflichtet. Sogar ein Engländer! Edward „Tom“ Hanney. Die Gründe liegen auf der Hand:

- Württemberg und Baden bilden wieder gemeinsam eine Liga. Im Jahr zuvor verpassen die Weißroten die Quali. Jetzt klappt es. Ohne neue Impulse wird es schwer, die Klasse zu halten.

- Die Top-Klubs beweisen es. Die Stuttgarter Kickers, Fürth oder Nürnberg beschäftigen längst große Trainer, darunter viele aus dem Mutterland des Fußballs. Könnte was dran sein.

- Die Abseitsregel wird reformiert. Die Abseitslinie läuft jetzt nicht auf der Linie des dritten Spielers von hinten, sondern auf Höhe des zweiten. Das begünstigt das Passspiel. Um vom „Hurrastil“ zu Kombinationen zu kommen, könnte ein Trainer helfen. Am besten einer, der Ahnung von Kombinationsspiel hat.

Wie gut, dass damals das Kicker Sportmagazin in Stuttgart sitzt. Im Gegensatz zum VfB hat Kicker-Gründer Walther Bensemann beste Kontakte auf die Insel. Hanney bleibt bis 1927. Mit ihm zieht der VfB erstmals in die Endrunde um die Süddeutsche Meisterschaft. Der Trainer wird aus Spenden bezahlt.

Umringt. Umschwärmt. Berühmt.

Jetzt mal den eigenen Geschmack weglassen. Also Trikots bitte total objektiv betrachten. Auch ohne Sympathie für einen bestimmten Verein. Wer dazu fähig ist, kann nur zu einem Ergebnis kommen: Das schönste Trikot der Welt kommt aus Stuttgart. Klarer Fall. Roter Brustring auf weißem Grund. Kein Lametta. Kein modischer Mist. Kein fußballfernes Ornament, für das du dich als Fan später schämst. Roter Brustring, weißer Grund. Einfach schön. Markant. Im Weltfußball unerreicht. Einzigartig VfB. Unvergleichbar. Boca Juniors? Nein, der gelbe Ring ist viel zu plump. Sampdoria? Auch nicht, viel zu viele Farben.

Der coole Style erscheint 1925. Prompt qualifiziert sich der VfB für die süddeutsche Endrunde. Erstmals. Seit fast hundert Jahren gibt es nur wenige Ausnahmen. Zum Beispiel beim Bundesligastart. Der VfB in Stuttgart-Gelb. Eine kurze Geste, mehr nicht. Danach wieder Brustring, wie es sich gehört. Denn ohne geht alles schief. Wie 1975. Nach dem ersten Abstieg aus der Bundesliga ist der VfB von der Rolle. Auch beim Trikotdesign. Eine ganze Saison ohne Brustring! Das kann nicht gut gehen. Elfter in der zweiten Liga, die schlechteste Saison seit 1893.

Übrigens: Ein Wahrzeichen braucht keine Begründung. Der Brustring symbolisiert nichts anderes als den einzigartigen VfB. Vermutlich ist er von der Leichtathletik inspiriert. Die deutsche Nationalmannschaft tritt in den frühen Zwanzigerjahren mit rotem Brustring auf. Nur eine Unsitte hat der VfB einige Jahrzehnte zugelassen: Ein Ring ist nur ein Ring, wenn er auch hintenrum geht. Das wird eine Epoche lang vernachlässigt. Angeblich wegen der Rückennummern. Mit Ring würde man sie im Fernsehen schlecht erkennen. Unsinn! Seit 2015 wird der Brustring wieder durchgezogen. So geht Wahrzeichen, und nicht anders.

Sparmaßnahmen

Der DFB hängt das Amateurprinzip hoch. Schon in den Zwanzigerjahren des letzten Jahrhunderts sind seine Argumente von vorgestern. Den Edelsport gegen die Bastardbildung des Profitums verteidigen! Den Materialismus im Keim ersticken! Und so weiter. Die Ideologie stammt aus der Kaiserzeit. Der DFB ist dort stecken geblieben. Außerdem fürchtet man Besteuerung und die Abspaltung einer Profiliga. Das verstärkt das falsche Pathos. Die Vereine machen mit, nicht nur die schwäbischen.

Je schwülstig-nationaler die Argumente, desto deutlicher wird: Bezahlt wird überall. Doppelmoral sticht Ideologie. Gute Spieler bekommen Handgeld. So macht das auch der VfB. Seinem Starspieler Willi Rutz steckt der Verein monatlich 1000 Mark zu. Das geht so lange gut, bis der VfB sparen muss. Anfang 1929 erstattet der Verein Selbstanzeige und spart das Geld für vier Spieler. Die VfB-Cleverle kalkulieren mit einer Geldstrafe. Man hätte sie von den gesparten Handgeldern bezahlt.

Aber der VfB macht seine Rechnung ohne den DFB. Der verhängt eine drakonische Strafe: Zwei Monate Spielsperre. Aua! Dabei qualifiziert sich der VfB für die süddeutsche Endrunde. Die Selbstanzeige als kapitales Eigentor? Der Württembergische Meister bittet um Gnade – und hat gerade noch Glück. In der Endrunde 1930 wird der VfB guter Fünfter.

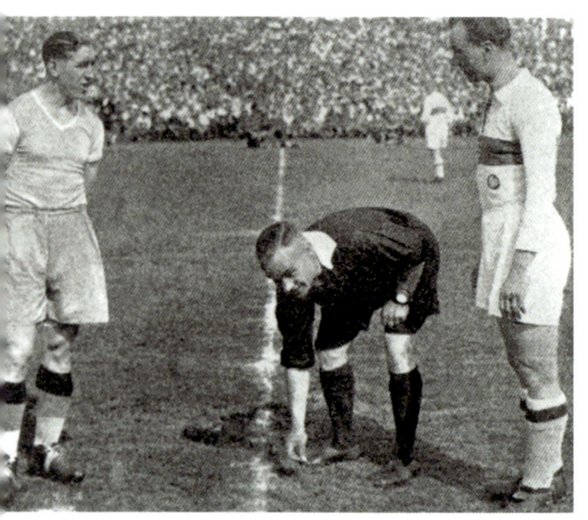

Willi Rutz (l.) vor dem Endspiel 1935 gegen Schalke. Er wechselt zu Rot-Weiß Frankfurt, wird dort wegen Berufsspielertums gesperrt. 1932 wird er begnadigt. Ab 1933 wieder im Brustring.

Vom Tanzschuppen zum Finale

Jetzt mal locker bleiben. Natürlich ist es unser erstes Endspiel um die Deutsche Meisterschaft. Aber hört mal her: Auswärts in Köln? Da geht was! Und die Mannschaft mittendrin, damals 1935.

Die Schwaben rücken mit rund 7.500 Leuten am Finalwochenende an. Der Zug ist das Verkehrsmittel der Wahl. Die Mannschaft macht keine Ausnahme. Der Reporter notiert: „Man saß mit mehreren hundert VfBlern im traulich schwäbischen Kreise beisammen und von allen Seiten bemühten sich schwäbische Gastwirte und schwäbische Familien um das Anknüpfen enger Heimatbande." Den ersten Foto-Termin gibt es gleich am Kölner Bahnhof. Der Schwabenverein aus Köln empfängt das Team standesgemäß in schwäbischer Tracht. Die Offiziellen organisieren einen „Schwabenabend". So bezeichnen die VfB-Vereinsnachrichten die ultimativen Vorbereitungen auf das morgige Finale. Andere Quellen erwähnen, dass sich das Hotel Fürstenhof, in dem die Mannschaft abstiegt, „als Tanzschuppen entpuppt, in dem es bis zum Morgen hoch her ging."

Ach ... wer ist eigentlich der Gegner? Ist ja nur Schalke 04. Also niemand geringeres als die Supertruppe der Dreißigerjahre. Tibulski, Szepan, Kuzorra und der Rest aus dem Schalker Kreisel. 75.000 Zuschauer im Müngersdorfer Stadion am 23. Juni. Eigentlich kann nicht viel schief gehen. Der VfB hat in der Zwischenrunde die legendären Fürther mit 1:4 vom eigenen Platz gefegt, dann im Halbfinale klar gegen den VfL Benrath gewonnen. Im Düsseldorfer Vorstadtverein stehen immerhin zwei aktuelle Nationalspieler. Schalke kann kommen. Und Schalke kommt. Schon vor der Halbzeit kreiseln die Schalker dem VfB drei Dinger ins Nest. Erst als sich die Schwaben in der zweiten Halbzeit fürs Mitspielen entscheiden, geht's richtig los. Ein bisschen spät, zugegeben. Endstand: 6:4 für Schalke. Man kann nicht alles haben. Bei der Rückkehr wird die Mannschaft mit großer Begeisterung empfangen. Die Mitgliederzahlen steigen rasant.

Der VfB und die Nazis

KEINE NS-ARCHITEKTUR

Nicht schön, aber wahr. Der Sehnsuchtsort der VfB-Fans wird 1933 unter dem Namen Adolf-Hitler-Kampfbahn eingeweiht. Trotzdem wäre es nicht korrekt, das Bauwerk als Nazistadion zu bezeichnen. Gebaut wurde es für das große deutsche Turnfest, das 1933 am Neckar stattfinden soll. Der „Verein Stadion Stuttgart" gründet sich schon 1924. Der Zuschlag fürs Turnfest erfolgt 1929. Architekt Paul

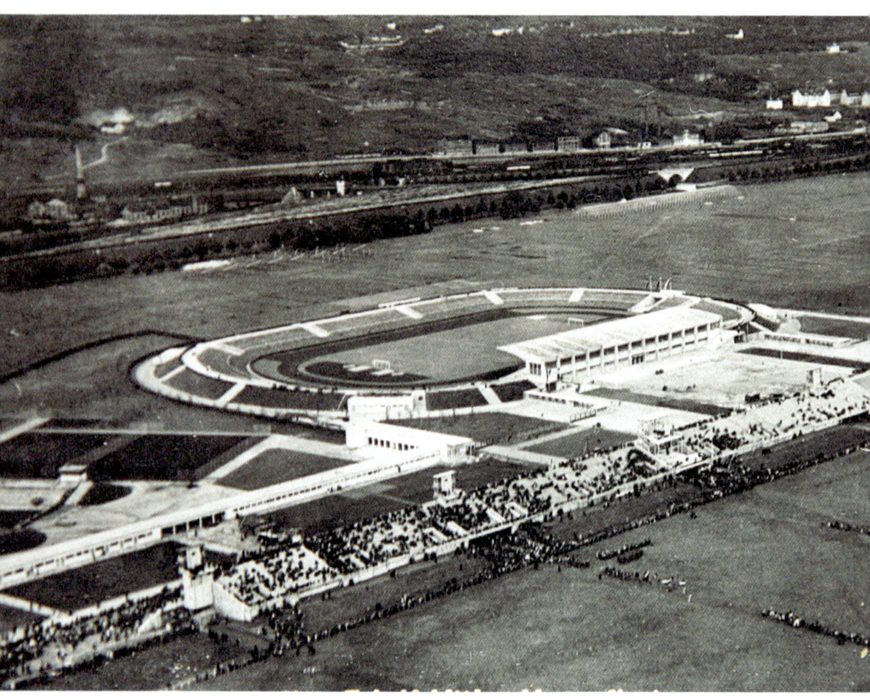

Das große Stadion auf der grünen Wiese zwischen Cannstatt und Untertürkheim

Bonatz realisiert das erste freitragende Stadiondach aus Beton. Man spricht von der Stuttgarter Kampfbahn. Der Name Adolf-Hitler-Kampfbahn erscheint erst mit der Machtergreifung der Nationalsozialisten.

ZU GROSS FÜR FUSSBALL

Für den VfB ist die Schüssel überdimensioniert. Nur wenige, große Spiele werden dort ausgetragen. Die Miete ist teuer. Der Klub hat größere Sorgen. Das VfB-Stadion „an den drei Pappeln" droht einer Umgestaltung des Cannstatter Wasens zum Opfer zu fallen. 1935 ist es soweit: Der Abriss wird beschlossen. Der VfB sucht erfolgreich den Kontakt zu Oberbürgermeister Karl Strölin. Sein Einfluss sichert dem Verein ein neues Stadion. 1937 wird es fertig gestellt. Eine neue VfB-Heimat von Gnaden der herrschenden Nazis. Vereinsheim inklusive. Wie in vielen Diktaturen wird im lokalen Rahmen aufgrund von guten Beziehungen entschieden. Der VfB profitiert davon.

KEIN VORBILD, DIESER VFB

Als fantastischer Verein, den man gerne bewundert, nimmt sich der VfB während der Nazi-Diktatur eine Auszeit. Die Cannstatter sind vielleicht kein braunverseuchter Nazi-Paradeclub. Aber der Brustring bekommt braune Flecken. Widerstand? Nicht vom VfB. Im Gegenteil. Der Verein zeigt sich betont national. Eine gewisse Zuwendung zum NS-Regime ist deutlich. Der VfB führt eifrig den Wehrsport ein, als es die Nazis fordern. Kritische Stimmen? Fehlanzeige. Verstörend ist auch die Tatsache, dass der Verein bereits im Jahr 1932, also noch vor der Machtergreifung, eine große Nazi-Kundgebung auf seinem Platz genehmigt. Wegen des Geldes? Vielleicht. Steckt mehr dahinter? Vielleicht. Nach der Kundgebung sinken die Mitgliederzahlen.

WAR WAS?

Nach dem Krieg verschwindet vieles. Auch beim VfB gehen Dokumente unter. Wichtige Stellen werden irreparabel geschwärzt oder überklebt. Die Vereinschroniken färben schön oder sschweigen an zentralen Passagen. Von Aufarbeitung keine Spur. Der VfB verhält sich nicht besser und nicht schlechter als andere Vereine und Institutionen. Bluthardt, Hagdorn, Lintz – unter den VfB-Funktionären und Gönnern sind zweifelsohne Kollaborateure, Profiteure und überzeugte Nazis. Nach dem Krieg beschwört der VfB den Korpsgeist. Nazi? Egal. Aber als VfB-Mitglied tadellos. Ehemalige NS-Aktivisten tragen Brustring, als ob nichts gewesen wäre. Man kennt sich, man deckt sich.

Eines von vielen Beispielen ist Franz Seybold. Vor dem Krieg passt dem strengen Polizisten und Erzieher die Uniform genauso gut wie der Trainingsanzug. Der Unteroffizier der Wehrmacht wird während des Kriegs mehrfach befördert. Er überlebt und drillt danach noch mehrere Jahrzehnte junge VfB-Teams. 1973 scheidet er aus. Seybold bleibt bekennender Ausländerskeptiker. Viele Aussagen belegen das, manche sind klar rassistisch. Trainer Albert Sing beschwert sich darüber. Der ägyptische Masseur Farid Girgis gibt an, Seybold habe ihn jahrelang gemobbt und rassistisch beleidigt. Der Verein unternimmt nichts. Ein VfB-Jubiläumsbuch von 2013 ehrt Seybold als „Kaiser Franz des VfB“.

Erst im Jahr 2018 erscheint die wissenschaftliche Aufarbeitung „Der VfB Stuttgart und der Nationalsozialismus“. Unabhängig, aber mit aktiver Unterstützung des Vereins. Endlich stellt sich der VfB der unrühmlichsten Epoche seiner eigenen Vergangenheit. Spät, aber mit angemessener Gründlichkeit.

Die unvollendete Meisterschaft

1950, 1952, 1984, 1992, 2007 – beim VfB stehen fünf Meisterschaften im Briefkopf. Dabei hat der VfB sechs Meisterschaften klar gemacht. 6! In Buchstaben: Sechs. Die Meisterschaft 1946 bleibt unvollendet. Umständehalber. Der VfB kann nichts dafür.

In der ersten Nachkriegsrunde der Oberliga Süd kommt es am letzten Spieltag der Doppelrunde zum Finale. Tabellenführer Nürnberg tritt beim Tabellenzweiten in Stuttgart an. Im diesem inoffiziellen Endspiel fliegt Club-Spieler Pöschl in der vierten Minute vom Platz. Am Anfang der zweiten Halbzeit flankt Läpple. Lindner verpasst. Aber Routinier Böckle hält den Kopf hin. Der Sieg fällt knapp aus. Die zehn Cluberer haben keine Chance mehr. Der VfB feiert eine Meisterschaft, die er im Briefkopf nicht verwenden kann. Alle Experten sind einig: Der VfB ist die stärkste deutsche Mannschaft der Saison. Schade, dass es keine Endrunde gibt. Ewig schade.

Die Oberliga Süd ist mit Abstand die stärkste Liga in Deutschland. Sie wird in der amerikanischen Zone gespielt. In der britischen Zone kommt keine Runde zustande, nur kleine Lokalturniere. Die Meisterschaft im Norden wird abgebrochen, weil es die Briten als Besatzungsmacht so wollen. In der sowjetischen Zone geht überhaupt nichts. In der französischen Südwest-Zone spielen zwei Staffeln nebeneinander. Das Niveau bleibt mau. Ein richtiges Spitzenteam ist nicht dabei. Ein ewiger Jammer, dass noch keine deutsche Endrunde gespielt wird. Deutscher Meister 1946: VfB Stuttgart. Es hätte mächtig viel schief gehen müssen, wenn es anders ausgegangen wäre. Wäre, wäre, Fahrradkette. Sagen wir so: Der VfB hat in seiner Geschichte sechsmal die beste deutsche Spielklasse gewonnen.

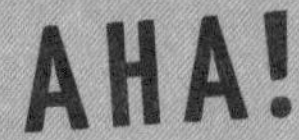

Wie der VfB zum Topklub wird

Wer sonst? Seit Jahrzehnten gilt der Klub mit dem Brustring als Megaverein im schwäbischen Kosmos – und wenn man ganz ehrlich ist, gilt das auch für ganz Baden-Württemberg und darüber hinaus. Aber wie kam es dazu? Hier die vier wichtigsten Faktoren.

FAKTOR 1

OBERLIGA SÜD. POWERED BY VFB.

Deutschland liegt in Trümmern. Aber der VfB bringt die süddeutsche Fußballdiplomatie in Gang. Eine VfB-Clique um Curt Müller, Torwart Ernst Schnaitmann und Präsident Dr. Fritz Walter macht die Pläne. Gustav Sackmann besucht die Klubs, die für eine Oberliga in der amerikanischen Besatzungszone in Frage kommen. Aus jeder großen Stadt lädt er zwei Vereine ein. Am 22. September 1945 treffen sich Vertreter von 16 Vereinen im Fellbacher Gasthof Krone. Trotz Nachkriegschaos, Hunger und Ruinen steht die Liga zur Saison 1946/47. Als Initiator ist der VfB selbstverständlich dabei. Auch die Stuttgarter Kickers sind eingeladen. Na klar! Dem VfB fehlt ein Stadion, er will auf den Kickers-Platz ausweichen. An sportliche Qualifikationen ist nicht gedacht. Alle Beteiligten haben Eigeninteresse. In Fellbach nicht dabei sind der SC und die Sportfreunde, beides starke Stuttgarter Klubs mit großen Erfolgen. Sie sind weg vom Fenster. Übrig bleiben die Kickers und der Superklub VfB.

FAKTOR 2

JETZT PASST DAS GROSSE STADION

In Stuttgart sind rund 60 Prozent der Häuser zerstört. Schutt blockiert die Straßen. Auch der VfB-Platz ist futsch. Das Neckarstadion heißt Century Stadium und wird von den Amis genutzt. Nach dem Start der Oberliga Süd im November 1945 trägt der VfB die ersten Heimspiele auf dem Kickers-Platz auf der Waldau aus. VfB-Präsident Fritz Walter versteht sich gut mit den Amis: „Wir waren fast täglich im PX-Laden der US-Armee und haben ein, zwei Krüge Starkbier getrunken." Der VfB kann bald ins große Stadion umziehen.

Die Abwechslung, die der Fußball bietet, wird vom Publikum euphorisch angenommen. Der große Fußballboom beginnt. Das Stadion wird für Jahrzehnte zum fetten Pfund des VfB. Es gehört zwar der Stadt, aber der VfB als Hauptmieter profitiert. Zu diesem Zeitpunkt ist die Arena eines der wenigen großen Stadion des Landes. Das Endspiel 1949 wird nach Stuttgart vergeben, das erste Nachkriegsländerspiel ebenfalls. Bis zum heutigen Tag ist der VfB Stuttgart der Profiklub Deutschlands, der am längsten durchgehend am selben Standort spielt.

FAKTOR 3

DER PAN-SCHWÄBISCHE VEREIN

Es spricht sich rum, dass der VfB gleich wieder vorn dabei ist. VfB-Präsident Dr. Walter und Ex-Torhüter Schnaitmann tun ihr Übriges dazu, dass die Talente der Region auf dem Wasen landen: Erwin Läpple aus Münster, der Gaisburger Richard Steimle vom Stuttgarter SC, Erich Retter vom SV Plüderhausen, Rolf Blessing vom TSV Wendlingen und ein gewisser Robert Schlienz vom FV Zuffenhausen. Beim VfB lässt sich Geld verdienen. Der Ruhm der Vize-Meisterschaft von 1935 schadet auch nicht. Der Wasen ist die Top-Adresse.

FAKTOR 4

VON NULL AUF ERSTER

Als Initiator der Oberliga Süd gewinnt der VfB die erste Oberligameisterschaft im Sommer 1946. Die ultimativen Megatalente erkannte man am Brustring. Das riesige Stadion ermöglicht Zuschauerzahlen bis zu 50.000 und entsprechende Einnahmen.

Der VfB etabliert sich als Top-Klub der Oberliga. Als sich das Team im Jahr 1950 zum ersten Mal für die deutsche Endrunde qualifiziert, wird der VfB prompt Meister. 1952 holt er die Schale erneut.

Im Schatten des VfB machen die Nachbarn schlapp. Die Sportfreunde vergeigen in der ersten Saison knapp den Aufstieg in die Oberliga. Die Kickers schießen 47/48 mit mehr als 100 Toren noch einmal die Liga kaputt und werden Dritter. Danach geht es bergab. Als der VfB Meister wird, steigen die Kickers ab. VfB Meister, Kickers Abstieg – das wiederholt sich im Jahr 1992 noch einmal. In Württemberg gibt es längst kein anderes Top-Team mehr, nur den VfB!

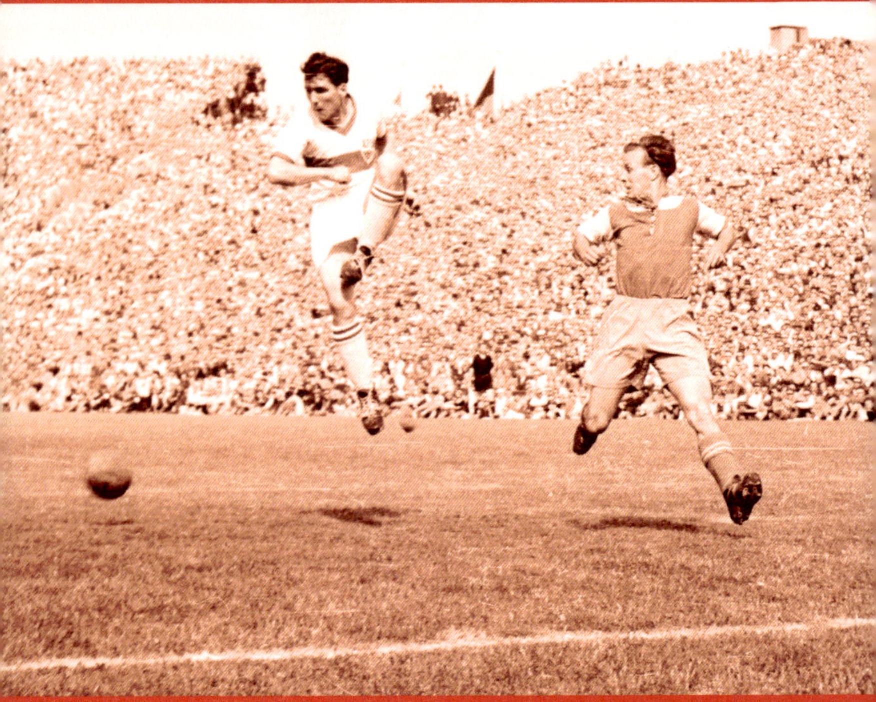

Auf dem Weg zum Meistertitel 1952 besiegte der VfB Stuttgart in der Endrunde Rot-Weiss Essen vor 35.000 Zuschauern mit 5:3.

Der Größte von allen

Keine Kriegsverletzung, wie man vielleicht annimmt. Es passiert im Sommer 1948. VfB-Kapitän und Torjäger Robert Schlienz will eigentlich aufs Freundschaftsspiel in Aalen verzichten. Die Mutter ist krank. Allerdings überredet sie ihn am Morgen, dem Team hinterherzufahren. Schlienz leiht sich einen Opel-Lieferwagen. Die Sonne steht hoch überm Remstal. Schlienz heizt nach Aalen, die Scheibe runtergekurbelt. Seinen linken Arm lässt er lässig an der frischen Luft baumeln. Kurz vor Aalen erwischt er ein Schlagloch. Der Opel kippt ...

Mit amputiertem Unterarm steht der VfB-Kapitän nach vier Monaten wieder auf dem Platz. Schlienz spielt fast 400 Mal im Brustring. Er führt den VfB zu zwei Meisterschaften und zwei Pokalsiegen. Wenn nach einem legendären VfB-Spieler gefragt wird, kann die erste Antwort nur Robert Schlienz lauten. Der gebürtige Zuffenhausener ist das strahlende Beispiel eines Starspielers auf schwäbisch. Auf dem Platz überragend, im Training verbissen und im Privaten bescheiden. Schlienz ist der Größte, der je im Brustring auflief. Egal, was im Leben passiert, immer dran denken: Robert Schlienz würde kämpfen, wieder aufstehen und größer werden als je zuvor. Mehr Vorbild geht nicht.

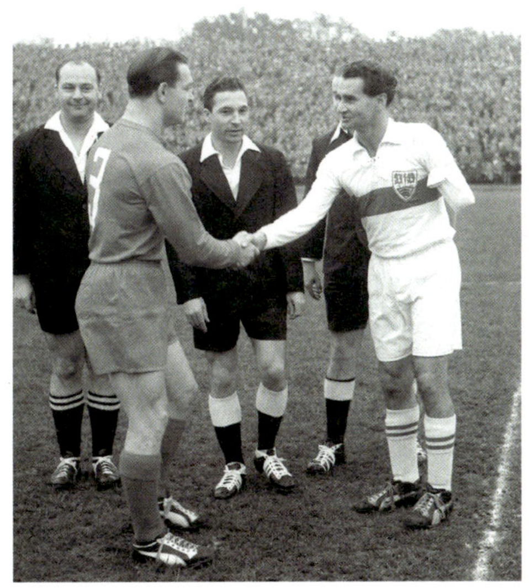

Robert Schlienz (r.) begrüßt vor dem Pokalfinale 1958 den Kapitän der Düsseldorfer Fortuna, Erich Juskowiak

Zahlen und Fakten

ERFOLGE

Deutscher Meister:
1950, 1952, 1984, 1992, 2007

DFB-Pokalsieger:
1954, 1958, 1997

Deutscher Supercupsieger:
1992

Süddeutscher Meister:
1946

Deutscher Amateurmeister:
1963, 1980

Deutscher A-Jugendmeister:
1973, 1975, 1981, 1984, 1988, 1989, 1990, 1991, 2003, 2005

Deutscher B-Jugendmeister:
1986, 1994, 1995, 1999, 2004, 2009, 2013

INTERNATIONALER FINALIST

UEFA-Cup:
1989

Europapokal der Pokalsieger:
1998

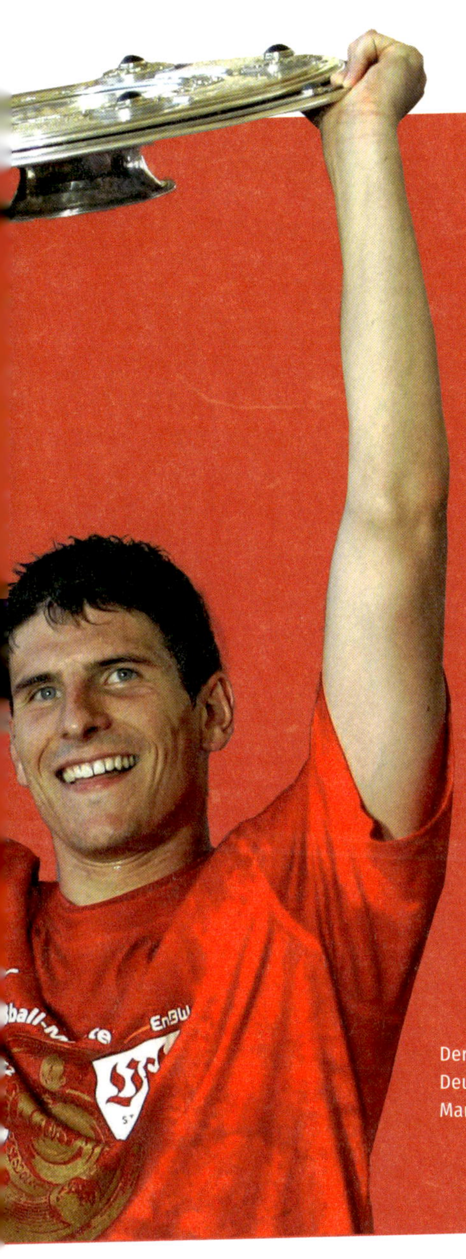

VEREIN

Vereinsfarben:
weiß-rot
Vereinsgründung:
Fusion am 2. April 1912
Gründungsort:
Hotel Concordia, Cannstatt
durch Fusion von
FV Stuttgart 1893
und FC Krone Cannstatt
Mitglieder:
73 235 (September 2021)

FUSSBALLUNTERNEHMEN

ausgegliedert seit:
2017
Name:
VfB Stuttgart AG
Aktionäre:
VfB Stuttgart (88,25 %)
Daimler AG (11,25 %)

Der letzte große Erfolg:
Deutscher Meister 2007 –
Mario Gómez mit der Schale

Das beste Team der Epoche

Wenn eine deutsche Mannschaft galaktische Züge hat, dann der VfB. Das Besondere an der Epoche am Beginn der fünfziger Jahre: Es stimmt wirklich. Sogar ohne weiß-rote Fanbrille.

Nehmen wir nur die Läuferreihe: Schlienz – Retter – Barufka! Siebzig Jahre später hätte man schon Neymar – Xavi – Ronaldo aufbieten müssen, um auf vergleichbares Niveau zu kommen. Zwei Meisterschaften 1950 und 1952 sind die logische Konsequenz. Der VfB qualifiziert sich in vier Jahren dreimal fürs Endspiel und holt einmal den DFB-Pokal (1954). Der Pokalsieg 1958 gilt als spätes Meisterwerk. Selbst wenn man berücksichtigt, dass das K.-o-System, mit dem der Meister ermittelt wird, keine gesamte Saison repräsentiert, muss man objektiv feststellen: Der VfB ist in der Oberliga Süd stets vorne, meistens Tabellenführer. Also genau in der Liga, die zu dieser Zeit die stärkste ist. Alle Meister der Vorjahre stammen aus der Oberliga Süd. Nicht aus dem Westen, nicht aus dem Norden, und schon gar nicht aus dem Südwesten. In Deutschland ist der VfB das Maß aller Dinge. Ausrufezeichen!

Zugegeben: Auch Kaiserslautern kann kicken. Fritz Walter und so weiter. Aber Lautern spielt im Südwesten. Dort ist Saarbrücken stark, alles andere gilt als Laufkundschaft. Der VfB setzt sich in der stärksten Liga des Landes durch. Woche für Woche. Nur ein Spiel nervt: das Finale 1953. Kaiserslautern – VfB 4:1. Doch der Grund liegt auf der Hand. Der VfB muss auf Karl Barufka verzichten. Neben Robert Schlienz der zweite Schlüsselspieler. Der VfB wird Zweiter. Gut so, denn Stuttgart mag keine Seriensieger. Seit jeher ist der VfB das Gegenteil davon. 50, 52, 54, 58 – immer hübsch Pause lassen zwischen den Triumphen. Seriensieger? Wie unsympathisch! Schwaben wissen, was sich gehört.

Der monumentale Trainer

Für VfB-Trainer lohnt es sich kaum, in Cannstatt eine Wohnung zu suchen. Für die wenigen Monate vor der Entlassung reicht auch ein Hotel. Der Job dauert durchschnittlich 13 Monate. Dann ist Sense. Zwischen 1960 und 2020 versuchen sich rund 50 Übungsleiter. Die meisten gehen im Herbst. Besonders anfällig ist die Vorweihnachtszeit. Zwölf hoffnungsvolle Trainer erwischt es zwischen Oktober und Dezember: Gutendorf, Eppenhoff, Entenmann, Daum, Schäfer, Veh, Babbel, Groß, Keller, Zorniger, Korkut, und Walter. Letztgenannter verlässt den Wasen einen Tag vor Heiligabend. Trotzdem kann man nicht behaupten, dass es in Stuttgart kein Trainer lange aushält. Der legendäre Georg Wurzer setzt zwischen 1947 und 1960 eine Marke, die ewig unerreichbar erscheint. Dreizehn Jahre VfB-Trainer, am Stück! Wurzer ist der hauptberufliche Trainer unter lauter Amateuren. Einer für alles. Wurzer scoutet, trainiert und pflegt die Spieler, wo es notwendig ist. Er ist Chef, Mediziner, Vater und guter Freund. Wurzer ist Schleifer, Taktiker und Zuhörer. Wurzer ist der VfB. Der VfB ist Wurzer – und nach Wurzer nie wieder so erfolgreich wie unter seinem ewigen Trainer-Monument.

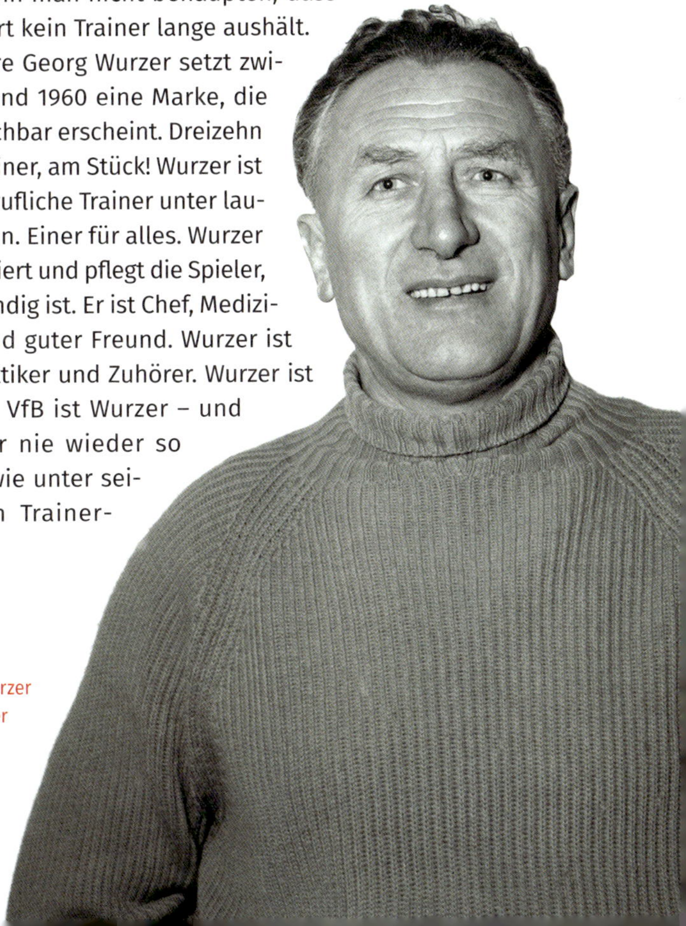

Trainer Georg Wurzer Anfang der 1960er Jahre

Amateur von Beruf

Ein paar Säcke Kartoffeln, Gemüse, Wurst, manchmal ein Schwein zum Schlachten – das sind die Prämien, die der VfB für ein Freundschaftsspiel kassiert, direkt nach dem Krieg. Doch obwohl Stuttgart zweimal Meister wird und zweimal Pokalsieger, lebt keiner der großen VfB-Legenden vom Fußball allein. Die Spieler bleiben gefälligst Amateure – so will es der DFB. Kleine Beträge sind genehmigt. Erich Retter bekommt 320 Mark pro Monat. Für eine Deutsche Meisterschaft darf er offiziell 500 Mark vom Verein annehmen. Tagsüber wird gearbeitet. Zwei- bis dreimal die Woche bittet Georg Wurzer am frühen Abend zum Training. Am Wochenende wird gespielt. Freizeit wird überbewertet. Die VfB-Legenden wechseln später in ehrliche Berufe.

- Erich Retter (383 Spiele von 1947–1962) übernimmt nach seiner Karriere eine Tankstelle in der Mercedesstraße.
- Karl Barufka (240 Spiele von 1945–1955) wird Wirt und später Verkäufer bei Hertie in Böblingen.
- Erwin Waldner (277 Spiele von 1952–1967) übernimmt das Ausflugslokal Burrenhof auf der Schwäbischen Alb.
- Robert Schlienz (391 Spiele von 1944–1958) betreibt ein Sportgeschäft am Cannstatter Wilhelmsplatz und später einen Spezialitätenladen in Dettenhausen.
- Günter Sawitzki (330 Spiele von 1956–1970) arbeitet als gelernter Maschinenschlosser bei Hahn&Kolb.

Rolf Geiger (216 Spiele von 1957–1967) steht symbolisch für den Übergang zum Vollprofi. Er verdient schon 6.000 Mark in zwei Spielzeiten bei den Kickers. Das kommt raus, als er zum VfB wechselt. Die beleidigten Blauen erstatten Selbstanzeige. Profi-Skandal! Der Verband sperrt Geiger für neun Monate. 1962 wechselt Geiger nach Italien, wo man Geld verdienen kann. Mit der Bundesliga kommt der Profifußball nach Deutschland – und Geiger wieder zurück zum VfB. Nach der sportlichen Karriere wird er Bauunternehmer und Projektentwickler. Nichts, bei dem man arm bleibt. So gesehen: eine schwäbische Karriere.

Wie die Schotten

VfB gegen Spanien? Es gibt lausigere Gegner im Weltfußball als diese Nationalmannschaft. Für Spanien läuft auf: Superstar Alfredo Di Stéfano, der eingebürgerte Ungar László Kubala sowie der Rest des epochalen Teams von Real Madrid. Auf der anderen Seite: Retter, Schlienz, Waldner und die anderen. Bemerkenswert: Der VfB muss keine großen Summen bezahlen, um Real als Gegner zu bekommen. Es ist andersrum. Die Spanier hatten angefragt. Obwohl sie sich alle Teams in Europa hätten aussuchen können. Aber sie wollten den VfB. Die Schwaben spielen wie die Schotten. Und die sind deren nächster Gegner in der WM-Qualifikation.

Stuttgart hat sich einen Namen in Europa gemacht. Robust, gradlinig, etwas hölzern nach vorne. So ähnlich wie die Schotten. Das dachten zumindest die Spanier. Aber sie werden im Februar 1957 enttäuscht. So viel Spielkultur haben sie nicht erwartet. Der VfB spielt robust, gradlinig und kombinationssicher. Das Spiel geht zwar mit 1:3 verloren, aber nur, weil der VfB vorne die Kiste nicht trifft. Hinterher formuliert Di Stéfano den Satz, der fortan in keinem VfB-Buch fehlen darf: „Der beste Mann auf dem Platz war der Einarmige. Was ich von dem gesehen habe, war für mich bis jetzt unvorstellbar."

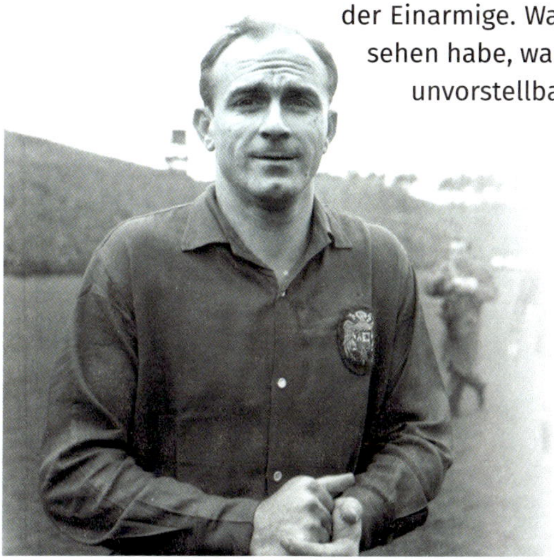

Tief beeindruckt vom VfB und insbesondere von Robert Schlienz: Alfredo Di Stéfano

Hallo Bundesliga!

AUF DEN LETZTEN DRÜCKER

Der VfB in der Bundesliga? Sollte selbstverständlich sein. So denkt jede Stuttgarterin und jeder Stuttgarter bereits zur Stunde Null, als es die Bundesliga noch gar nicht gibt. Aber natürlich ist für den VfB nichts selbstverständlich. Er spielt schon ein Jahr vor der Bundesliga eine typische VfB-Vorrunde, also weit unter den Erwartungen. Die Entscheidung für die neue Liga fällt im Sommer 1962. Mit jahrzehntelanger Verspätung schließt Deutschland auf zu den führenden Fußballnationen. Wie immer, wenn der DFB Entscheidungen trifft, geht das Chaos danach erst los. Alles etwas schwammig. Klar ist: Erfolge vergangener Spielzeiten sollen berücksichtigt werden. Wie genau man sich qualifizieren kann, lässt der Verband im Dunkeln. Der DFB erweckt deutlich den Anschein, dass er den Modus so gestaltet, dass ein gewünschtes Ergebnis zustande kommt. Neuberger stammt aus Saarbrücken. Die sollen dabei sein.

Der VfB hat mittelmäßige Spielzeiten hinter sich. Mittelmäßig reicht aber nicht. Stuttgart profitiert davon, dass große Erfolge früherer Tage eingerechnet werden. Der aktuelle Zustand ist höchst problematisch. Zu Neujahr 1963 liegt der VfB nach Niederlagen gegen den VfR Mannheim und Ulm 1846 auf einem schlanken 13. Platz der Sechzehner-Oberliga. Der vorausdenkende Verein nimmt sich seine erste Bundesligakrise, bevor die Liga losgeht. In Stuttgart findet man nicht mehr viele, die damit rechnen, beim Bundesligastart dabei zu sein. Während der VfB stolpert, bastelt der DFB am Modus. Allmählich schält sich heraus: Ein 6. Platz könnte reichen, dank historischer Platzierungen. Zu Jahresbeginn stellt der VfB um auf Ergebnisminimalismus. Nach dem 1:0 gegen die starke Eintracht gewinnt er beim amtierenden Meister in Nürnberg, spielt mehrfach 0:0 und rettet sich mit Ach und Krach auf eben jenen sechsten Platz. Hallo Bundesliga! Klar, der gehört der VfB auch hin. Weiß doch jeder.

DIE MEISTEN FANS DER LIGA

Waldner wieder da. Geiger wieder da. Die VfB-Stars waren nach Italien abgewandert. Dank der Bundesliga dürfen sie nun auch in Deutschland verdienen. Zur Debüt-Saison der Eliteliga werden sie zurückgeholt. Die Auftaktniederlage auf Schalke ist schnell vergessen. Das erste Heimspiel gegen Hertha gewinnt Stuttgart. 1:0 Geiger, 2:0 Waldner. Bis März klebt Stuttgart dem späteren Meister 1. FC Köln an den Fersen. Dann geht die Luft aus. Ob es daran liegt, dass VfB-Präsident Fritz Walter auf der Kasse sitzt? Köln und Hamburg beschäftigen Ärzte und Masseure. Hauptberuflich. „Das lohnt sich nicht", sagt Walter. Stuttgart wird Fünfter.

Die neue Liga ist eine Erfolgsgeschichte – und Stuttgart ist ganz vorne dabei. In der Eröffnungssaison stellt der VfB den Zuschauerrekord auf. Die Begeisterung ist riesig. 40.959 Zuschauer im Schnitt in der ersten Saison! Der VfB ist der Verein, der weiterhin für Publikumsrekorde sorgt. Beim Wiederaufstieg 1977/78 legt der VfB einen Saisonschnitt von 54.186 Zuschauern hin. Wieder Rekord – und zwar mit Abstand. Erst zwanzig Jahre später, als die Publikumsresonanz längst in andere Sphären aufgestiegen ist, wird der Stuttgarter Rekord von Dortmund übertroffen. 35 Jahre lang bleibt der VfB im heimischen Stadion der Zuschauermagnet der Liga. Unangefochten.

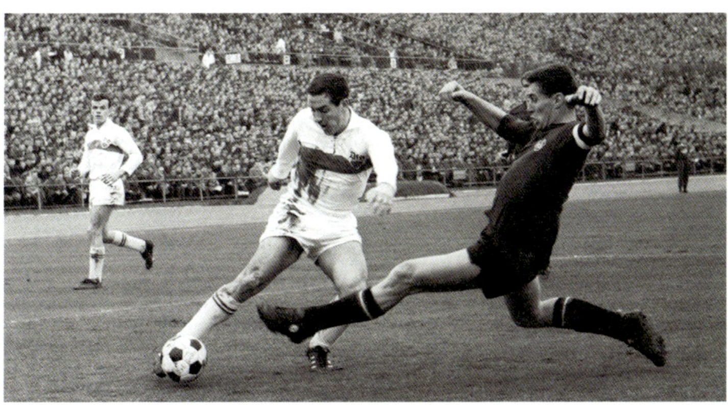

Szene aus dem Spiel VfB Stuttgart gegen den 1. FC Nürnberg (1:0) am 16. November 1963: Gerhard Wanner (Mitte) setzt sich gegen Ferdinand Wenauer (Nürnberg) durch. Im Hintergrund schaut Theodor Hoffmann zu.

Ich bin ein Star, hol mich nach Stuttgart!

Der Weg ins oberste Regal des Fußballs führt über Stuttgart. Wer niemals auf dem heiligen Rasen des Neckarstadions gespielt hat, kann als internationaler Superstar nicht anerkannt werden. Die allergrößten Gäste aller Zeiten:

– **Alfredo Di Stéfano** kommt 1965 nach Stuttgart. Erich Retter lässt ihm kaum eine Chance.
– **Pelé** spielt mit dem FC Santos im August 1963 vor ausverkaufter Hütte. Günter Seibold kümmert sich um ihn. Pelé entwischt ihm nur einmal. Klaus-Dieter Sieloff grätscht rein, und der Schiedsrichter pfeift Elfmeter. Es ist Gottfried Dienst. 1963 konnte man noch nicht wissen, dass Dienst im Zweifel gegen deutsche Mannschaften entscheidet. Stichwort Wembley-Tor.
– **Diego Armando Maradona** erscheint 1989 mit dem SSC Neapel im Neckarstadion zum Rückspiel des UEFA-Cup-Finales. Maradona hat leichtes Spiel. Sein eigentlicher Bewacher Guido Buchwald fehlt nach Skandal-Gelb im Hinspiel. Dazu später mehr. Stichwort Mafia.
– **Cristiano Ronaldo** feiert 2003 in Stuttgart sein Champions-League-Debüt. Andreas Hinkel lässt ihm keinen Stich. CR7 fällt nur einmal auf. Er lässt sich fallen, als er von Timo Hildebrand berührt wird. Das Tor, das aus dem Elfmeter resultiert, richtet keinen Schaden mehr an.
– **Lionel Messi** und **Zlatan Ibrahimović** besuchen Stuttgart im Jahr 2010. Das Hinspiel im Champions-League-Achtelfinale gegen den FC Barcelona hatte der VfB mit 0:4 vergeigt. Im Rückspiel holt der VfB ein Unentschieden gegen das beste Team der Welt. Messi trifft nur den Pfosten. Ibrahimović hat nur einzige Chance. Aber die ist drin.

Beckham kickte auch in Stuttgart. Aber nur während der WM, nicht gegen den VfB. Beckham fiel auf, als er hinter die Bande kotzte.

Ring frei

Gewisse Meinungsverschiedenheiten kommen auf den besten Bolzplätzen vor. Fußball ist Kontaktsport. Man nennt es englische Härte. Kurt Baluses, der erste Bundesligatrainer des VfB, lockert das Training mit Boxhandschuhen auf. Allerdings erkennt er schnell: Bei Rolf Geiger ist Vorsicht geboten. Geiger ist kein Kind von Traurigkeit. Er hat Erfahrung im Ring. Der Kampf wird wegen akuter Vermöbelungsgefahr abgebrochen.

– Wenn **Rolf Geiger** trainiert, müssen sogar die Zuschauer aufpassen. Einer kritisiert seine Figur. Kann man machen. Geiger tendiert am Ende seiner Laufbahn zum Rundlichen. Allerdings empfindet er die Kritik als wenig konstruktiv. Der VfB-Star gibt dem Zuschauer sofort Bescheid. Ohne Worte. Nur mit einer schnellen Hand.

– **Viorel Ganea** sollte man keine Eisbecher verbieten. Felix Magath probiert es trotzdem. Der fliegende Becher verfehlt den Trainer knapp. Der rumänische Schnellkochtopf überrascht im Training Mitspieler Jochen Seitz mit kurzen Geraden.

– Im Frühjahr gerät **Serdar Tasci** mit Ersatztorwart Alex Stolz aneinander. Der Torwart landet im Netz, die Geschichte in den Boulevardmedien.

– In der Saison 2011/12 senst **Ciprian Marica** seinen Mitspieler Arthur Boka von hinten um. Boka kontert mit einer rechten Geraden. Dann wird die Lage unübersichtlich. Tendenz unentschieden.

– Tendenz Niederlage bei Ersatzspieler **Sercan Sararer**. Er bekommt bei einer Kneipenprügelei beim Weihnachtsurlaub in Nürnberg voll auf die Zwölf. Nasenbeinbruch.

– Im Jahr 2015 kommt es zum Trainingsduell **Vedad Ibišević** gegen Martin Harnik. Trainer Stevens schickt Ibišević ins separate Lauftraining. Punktsieg für Harnik.

– Auch Helden gehen mal auf die Bretter. Obwohl sich **Kevin Großkreutz** rührend um die VfB-Jugend kümmert. Er gerät beim Feiern mit seiner jungen Bande in eine böse Keilerei und kassiert üble Tritte. Der Verein entscheidet auf „wenig vorbildliches Verhalten“ und verabschiedet den alten Kämpfer.

AHA!

Literatur und Scouting

Unter den besten Erzählungen über Fußball, Radsport und Leben steht das Kürzel (bli). Hans Blickensdörfer hebt den Sportjournalismus auf eine neue Stufe, nicht nur in Stuttgart. Weg vom nackten Ergebnis, hin zu den Geschichten, die sonst hinter den Ergebnissen versteckt bleiben. Es ist Bli, der aus Di Stéfano beim Freundschaftskick den Satz über Robert Schlienz herausquetscht, der fortan in keinem VfB-Buch fehlt: „Der beste Mann auf dem Platz war der Einarmige. Was ich von dem gesehen habe, war für mich bis jetzt unvorstellbar." Der Redakteur der Stuttgarter Zeitung und Autor der L'Equipe kann erzählen, schreibt Bestseller („Die Baskenmütze") und interessiert sich für Fußball. Durch den Sportteil weht der leise Hauch der Revolution.

Fast unbemerkt macht sich Bli ums Scouting beim VfB verdient. Im September 1964 sitzt Bli beim Messepokal in Straßburg auf der Pressetribüne. Racing schickt Milan mit 2:0 nach Hause. Ein junger Franzose zieht im Mittelfeld die Fäden. Anderthalb Jahre später trifft sich Gilbert Gress im Hotel du Rhin mit einer VfB-Delegation, um einen Drei-Jahres-Vertrag klarzumachen. Mitte der Siebziger kommt Bli von der Ostalb zurück mit einer wichtigen Beobachtung. Ein Stürmer mit Namen Hoeneß ist ihm aufgefallen. Wenig später wechselt Dieter Hoeneß zum VfB. Auf die Idee, fortan auf charaktersichere Schriftsteller als Scouts zu setzen, kommt leider niemand. Bli bleibt unerreicht.

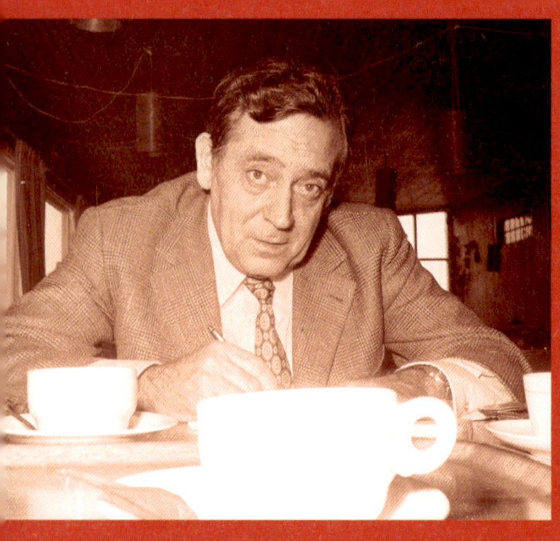

Vereinte Erzählkunst und Fußball-Sachverstand: Hans Blickensdörfer

Sing. Sing.

Wir wollen hier nicht von Zufall sprechen. Eher von einer Langzeitstudie, um die Wirksamkeit von Trainerwechseln zu messen.

Saison 1966/67. Der VfB ist ein großer Verein, ein sehr großer Verein. Mit starkem Kader, sagen alle. Dennoch gibt es ein akutes Problem: Stuttgart liegt Anfang Dezember auf dem letzten Platz. Also Trainerwechsel. Nach einer 1:4-Niederlage in Karlsruhe muss Trainer Rudi Gutendorf gehen. Albert Sing übernimmt. Im Frühjahr geht es ins Trainingslager nach Besenfeld. Laufeinheiten und Kameradschaft. Gesungen wird „Hoch auf dem gelben Wagen". Ergebnis am Ende der Saison: Platz 12, der VfB hält die Liga.

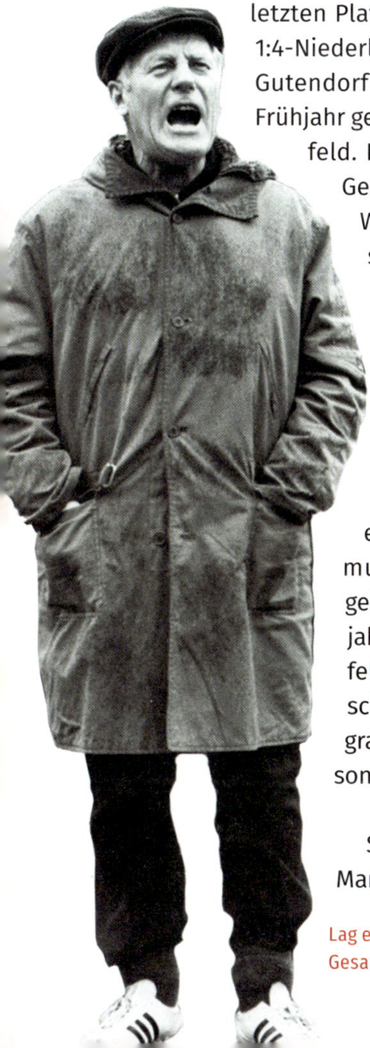

Saison 1974/75. Der VfB ist ein großer Verein, ein sehr großer Verein. Mit starkem Kader, sagen alle. Auch hier gibt es eine Krise. Stuttgart liegt Anfang Dezember auf dem 16. Platz. Drei steigen ab. Nach einer 0:6-Niederlage in Kaiserslautern muss Trainer Hermann Eppenhoff gehen. Albert Sing übernimmt. Im Frühjahr wartet das Trainingslager in Besenfeld mit Laufeinheiten und Kameradschaft. Gesungen wird „Auf dem Wasa graset Hasa". Ergebnis am Ende der Saison: Platz 16, der VfB steigt ab.

So ist das mit den neuen Trainern. Manchmal geht es gut, manchmal nicht.

Lag es am Namen? Bei Albert Sing gehörte Gesang zur Trainingseinheit.

Bloß nicht Meister werden

So eine Meisterschaft kann schon lästig werden. Zugegeben: Man bekommt eine wertvolle Salatschüssel. Aber auch eine Menge lästiger Probleme. Plötzlich wollen die Fans dauernd gewinnen. Die Erwartungen schießen durch die Decke. Und erst die Spieler! Die wollen plötzlich mehr Geld verdienen – oder sie wandern ab. Dann muss man sich neue Kicker suchen. So ein Stress! Dann lieber nicht Meister werden.

Ohne Witz. Diese Einstellung stammt von VfB-Präsident Dr. Fritz Walter. Nachdem der VfB in der Saison 1968/69 auf Augenhöhe mit den Bayern spielte, wurde Starspieler Gilbert Gress beim VfB-Präsidenten vorstellig. Gress wollte weitere Verstärkungen. Der französische Superstar war sich sicher: Noch ein Guter – und die Mannschaft holt den Titel. Aber Walter wollte davon nichts wissen: „Wissen Sie, Gilbert, im Grunde genommen bin ich viel lieber Dritter oder Vierter als Erster. So habe ich nicht die Probleme, die ich hätte, wenn wir Erster wären."

Es waren die letzten Wochen des großen Präsidenten Dr. Fritz Walter. Der VfB hielt zum ersten Platz einen Sicherheitsabstand. Und Gress ahnte, dass er Stuttgart verlassen musste, falls er in seinem Leben einmal Meister werden will.

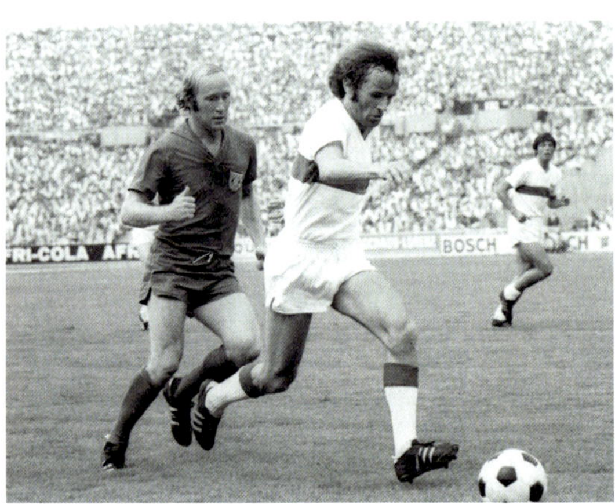

Spielkunst ohne Meisterambitionen: Gilbert Gress (r.) vor Dieter Brenninger (Bayern München)

AHA!

Der Seher

Im Jahr 2017 trennt der VfB den Profifußball vom Verein und gründet eine AG, die den Profispielbetrieb übernimmt. Alles genau so, wie es Dr. Fritz Walter 50 Jahre zuvor prophezeit hatte. „Es wird aber der Tag kommen, da sich die Profi-Fußballabteilung vom alten Verein loslöst, sich eine geschäftliche Form gibt und völlig unabhängig wird." So verkündet es der legendäre Präsident auf der Hauptversammlung 1967. Tiefe Verneigung, Herr Lehrer. Sehr gut antizipiert.

Der Lehrer am Gottlieb-Daimler-Gymnasium wird im Verein voller Respekt als „der Doktor" angesprochen. Dank Walters Initiative startet die Oberliga Süd nur wenige Monate nach Kriegsende. Dank Walters Tatkraft wird der VfB in den Fünfzigerjahren zum führenden Fußballverein Deutschlands.

So weit Walter seiner Zeit voraus war, so entschlossen drückt er später auf die Bremse. Der Doktor wird vorsichtiger, je mehr Geld ins Spiel kommt. Walter führt 1957 die Phalanx der Süd-Vereine an, die sich gegen eine Bundesliga aussprechen. In den ersten Spielzeiten der Bundesliga gibt er den typischen Schwaben. Er stärkt die Defensive. Seine Motive sind höchst ehrenwert. Der Doktor will den Verein schützen. 1968 tritt er ab. Der Doktor bleibt unter vielen VfB-Präsidenten der einzige, der den VfB wirklich größer gemacht hat, als er war. Für immer.

Haarige Zeiten

DER BEATLE AUS STRASSBURG

Der erste internationale Star des VfB wechselt 1966 nach Stuttgart. Die Fanbriefe beginnen mit der Anrede „Mon Chéri Gilbert", dann geht es schwäbisch weiter. Das Schweizer Magazin „Zwölf" berichtet, dass die Liebesbriefe sich bei rund 160 pro Tag einpendeln (Hansi Müller wird blass). Gilbert hält stets zu seiner Béatrice. Gress führt auf dem Platz Regie und wird der erste Popstar der Bundesliga. Charmant by nature. Ein grundsolider Familienmensch, aber mit Talent zu Entertainment und besonderen Medienauftritten.

Er bekommt in Stuttgart einen freien Montag vertraglich zugesichert. Wissen alle. Nur nicht Trainer Sing. Es gibt Ärger. Gress fliegt aus dem Kader. Aber das Medientalent und Trainer Sing finden einen Weg zur Versöhnung. Gress opfert medienwirksam seine Beatles-Frisur, damit er die vom Trainer gewünschte Disziplin auch optisch verkörpert. Die Presse wird bestellt. Fürs Foto nimmt der Trainer die Heckenschere in die Hand. Sing wörtlich: „Der Mann soll nicht gedemütigt oder verschandelt werden." Die Hipster aus der Sportredaktion der Stuttgarter Nachrichten kommentieren: „Aus der Beatles-Frisur wurde ein moderner Haarschnitt."

Stuttgarter Friseurmeister: Trainer Sing (2. v. l.) ist vom Einsatz der Heckenschere begeistert. Gilbert Gress lässt es über sich ergehen.

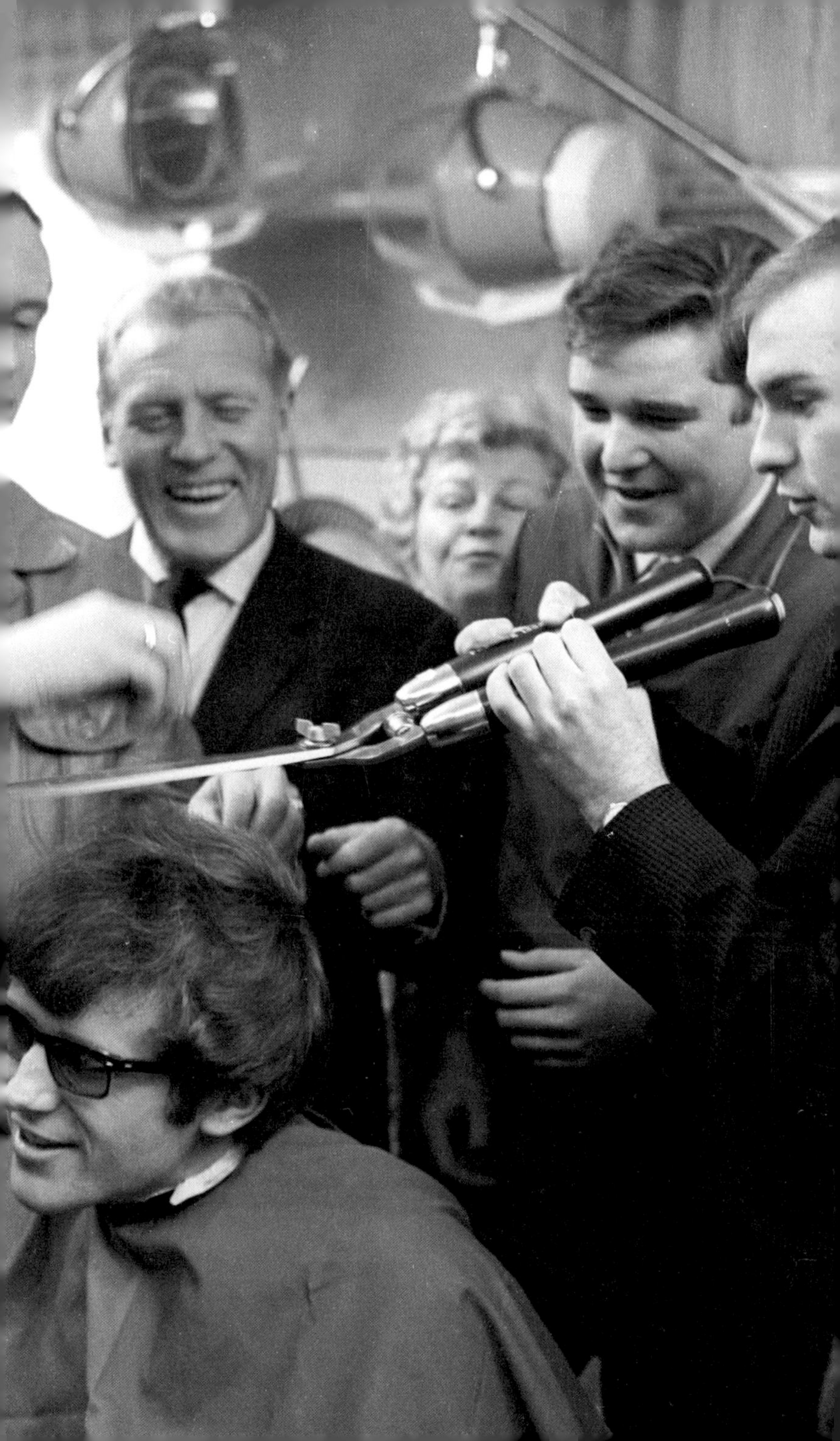

PUZZLE AUF DEM KOPF

Horst Köppel wechselt 1968 von Stuttgart nach Gladbach. Dort wird er zweimal Deutscher Meister. Dann lockt Ajax. Der gebürtige Zuffenhausener könnte mit Cruyff, Neeskens und Arie Haan in einem Team spielen. Köppel ist sich mit Ajax einig, aber nicht mit seiner Frau. Sie mag nicht so weit weg. Köppel geht wieder nach Stuttgart. Dort lässt sich inzwischen gutes Geld verdienen.

Bei der Sache mit den Haaren hätte er besser auch auf seine Frau gehört. Sie war dagegen. Aber Köppel lockt das Geld. Ist ja eine überzeugende Lösung: Hair Weaving. Bruce Willis und die anderen gibt es noch nicht, eine Glatze ist noch ziemlich uncool. Die gute alte Männerfrisur mit dem schräg gekämmten Seitenhaar, das auf der Platte festgeklebt wurde, ist auch keine Lösung. Also unterschreibt Köppel den Werbevertrag. Kein herkömmliches Toupet, wie oft geschrieben wird. Köppel muss jetzt drei Jahre die Haarteile tragen. Die Haarfachkraft benötigt dreieinhalb Stunden, um die verschiedenen Puzzleteile mit dem Resthaar zu verflechten. Vor dem Spiel gegen Bayern erkennen ihn die Stuttgarter Sportskameraden kaum. Aber die Teile halten. Außer bei schnellen Sprints. Wenn die Konstruktion Luft unters Netz bekommt, stellt sie sich senkrecht. Passiert selten.

Ungeschickt ist es trotzdem. Besonders beim Schwitzen. Köppel will den Werbevertrag nach der Probezeit beenden. Aber er hat das Kleingedruckte nicht gelesen. Die vereinbarte Konventionalstrafe ist so hoch, dass er hätte draufzahlen müssen. Also erfüllt er den Vertrag. „Es war ein Scheiß hoch drei“, sagt Köppel später und lacht. 1973 ist Stuttgart schlecht bei Kasse. Also wechselt er wieder nach Gladbach. Dort wird er noch dreimal Deutscher Meister. In regelmäßigen Abständen holt Köppel die Haarfachkraft vom Bahnhof ab. Dreieinhalb Stunden. Köppel hält, was er unterschrieben hat.

Horst Köppel: Pionier des Hair Weaving

EIN PRÄSIDENT MIT LILA HAAR EEN

Dr. Hans Weitpert gilt als Urvater eines speziellen Präsidenten-Typus, der als Mega-Checker antritt und als Chaos-Verursacher in den Geschichtsbüchern landet. Weitpert ist Druckerei-Chef und Großverleger. Ihm gehören unter anderem Bravo, Jasmin, Eltern und Twen. Seine Haare sind grau, aber ständig schimmern sie lila. Auf seiner Visitenkarte steht „Honorarkonsul von Togo".

Weitpert wird erst im zweiten Anlauf gewählt. Die erste Mitgliederversammlung im Sommer 1969 muss vor dem Votum abgebrochen werden. Wegen „tumultartiger Gefechte". Unter dem selbsterklärten Medienexperten gerät der VfB in eine Dauerkrise mit kleinen Hoffnungsschimmern. Weitperts Verbindungen zur Wirtschaft erreichen die VfB-Kasse nicht. Stuttgart muss sparen. Starspieler Gilbert Gress wird über Nacht nach Marseille verkauft. Trotz urschwäbischer Methoden gibt Weitpert im Januar 1971 zu Protokoll: „Der VfB hat kein Geld mehr in der Kasse." Angeblich über eine Million DM Schulden. Damals richtig viel Geld.

Im Sommer 1971 werden überraschend „Buffy" Ettmayer und Horst Köppel verpflichtet. Die Zeitung schreibt: „Mäzene springen in die Bresche." Es ist eine Konstruktion, die man Jahre später im Profifußball verbietet. Zu abenteuerlich, zu unseriös. Immerhin: Der „Lila Hans" führt ein „TipTop" Stadionmagazin ein. An einem Spieltag wird ausprobiert, ob mehr Zuschauer kommen, wenn Frauen freien Eintritt haben. Zum allem Ungeschick ploppt plötzlich der Bundesligaskandal auf. Auch der VfB steckt im Schlamassel. Das kostet weitere Zuschauer.

Fußball ist unberechenbar. Der VfB unberechenbar seit 1893. 1973 qualifiziert sich Stuttgart für den Europacup. Der Weg führt bis ins Halbfinale: im April 1974 gegen Feyenoord. Im Mai 1975 steigt der Club ab. Der „Lila Hans" wird abgelöst. Nach tumultartigen Gefechten.

Ist doch nur Reklame

Trikotwerbung ist doof. Wer mag schon Reklame? Das ändert sich schlagartig, wenn die kommerzielle Absicht verschwindet. Wenn die Marke nicht mehr existiert, wird ihr Schriftzug zum Retro-Rest einer vergangenen Fußballepoche. Fachbegriff: Kult. Wie schön waren die Frottesana-Jahre. Doch die ganze Geschichte hat einen Schandfleck.

Kein S wie Sigloch

Der erste Trikotsponsor drängt sich selbst auf. Multi-Unternehmer Helmut Sigloch will vor der Saison 1973 sein Sigloch-S aufs Trikot drucken. Aber dazu kommt es nicht. Der DFB verbietet es. VfB-Präsidiumsmitglied Sigloch ist stinkesauer und geht auf Manager Hübner los. Sigloch kennt den Trick von Braunschweig-Sponsor Günter Mast. Dort klappt es, weil die Eintracht offiziell das Jägermeister-Logo als Wappen führt. Der VfB will aber sein Wappen nicht ändern. Der Unternehmer aus Blaufelden zieht sich aus dem Präsidium zurück und verkriecht sich in seinen Hohenlohischen Schmollwinkel.

Frottesana

Als der DFB Trikotwerbung erlaubt, meldet sich Werner W. Nestle aus Onstmettingen. Seine Marke „Frottesana“ startet mit Handtüchern und wird zum Sportausrüster. In einem lichten Moment verfügt Präsident Gerhard Mayer-Vorfelder, dass der Schriftzug nicht auf den Brustring kommt, sondern darüber. Ohne die VfB-Trikotwerbung würde sich heute kein Mensch mehr an die Firma erinnern. Frottesana steht für die Wunderjahre des wundervollen VfB. Übrigens: Die Firma, die heute als Frottesana eingetragen ist, hat nichts mit dem edlen Stoff des Unternehmers von der schwäbischen Alb zu tun. Hier wurden nur die freien Markenrechte abgestaubt.

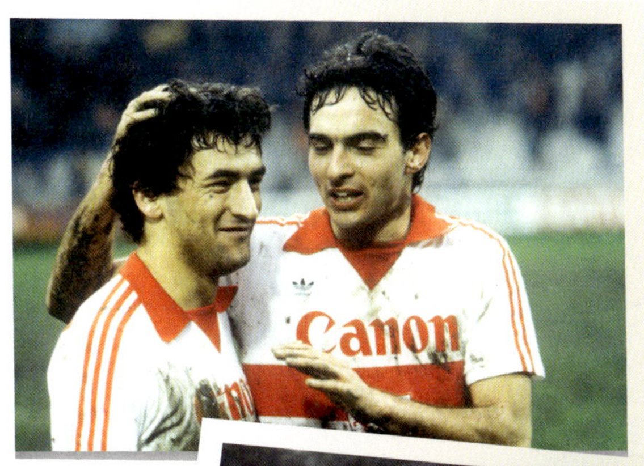

Trikot-Geschichte I

Bild oben: Hansi Müller (r.) und Markus Elmer

Bild Mitte: Ottmar Hitzfeld

Bild unten: Bernd (l.) und Karlheinz Förster

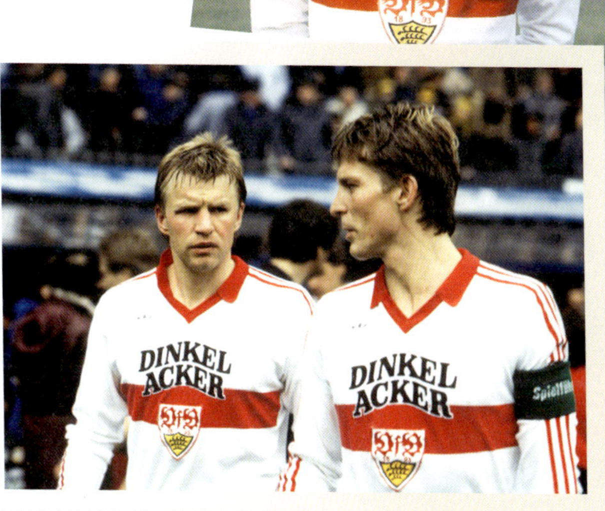

Canon / Dinkelacker

Als Canon nach drei Jahren auf dem Trikot das Marketing-Personal wechselt, steht die Stuttgarter Dinkelacker-Brauerei parat. Jetzt findet zusammen, was zusammen gehört, finden viele Fans und bestellen noch eine Halbe. Der VfB wird in Dinkelacker Meister. 1986 klebt Dinkelacker seine Weizenbiermarke Sanwald aufs Trikot.

Südmilch

Molkerei statt Brauerei – und trotzdem legendär. Die wundervolle Mannschaft sorgt 1992 dafür, dass auch aus dem Südmilch-Trikot ein Meistertrikot wird. Ohne jeden Zweifel wird der Untergang der Marke Südmilch durch die schlimme Entscheidung eingeläutet, das Produkt ViFit aufs Trikot zu holen. Das hässliche Ding verdeckt fast den ganzen Brustring.

Göttinger Gruppe

Der Schandfleck. Grafisch wie unternehmerisch. Ein krasses Trikotverbrechen in der an Fehlentscheidungen reichen Endphase Mayer-Vorfelders. Ritter Sport würde gerne aufs Trikot kommen. Aber die Finanzbetrüger werden der Schokolade vorgezogen. Insider ahnen längst, dass es sich bei der Göttinger Gruppe um ein Schneeballsystem handelt, also einen Finanzbetrug, der nur funktioniert, solange immer mehr ehrliche Sparer darauf reinfallen. Am Ende werden mehr als 100.000 Leute betrogen. Mayer-Vorfelder hilft den Verbrechern, sich salonfähig zu machen. Und wird DFB-Präsident.

debitel / EnBW

Ab 1999 werden die Trikots wieder, was sie sein sollen: Stolze Wahrzeichen eines redlichen Vereines. Trotzdem gibt es Palaver um den EnBW-Schriftzug. Der Energieversorger fürchtet um die Kunden in Baden. Er engagiert sich parallel beim KSC. Das stört die DFL. Derselbe Sponsor? Schiebung? Unsinn. Als würden sich der VfB und der KSC absprechen. Trotzdem läuft der VfB beim Derby mit der EnBW-Tochter Yello Strom auf.

GAZI / Mercedes-Benz Bank

Von 2010 bis 2012 steht GAZI auf den Trikots – eine internationale Molkereimarke, mit Heimat auf der anderen Seite des Neckars, keinen halben Kilometer vom Stadion entfernt. GAZI wird von dem einzigen Nachbarn verdrängt, der dem VfB noch näher liegt. Der Daimler-Stern. Der Beginn einer Beziehung, die länger dauert. Bis auf Weiteres.

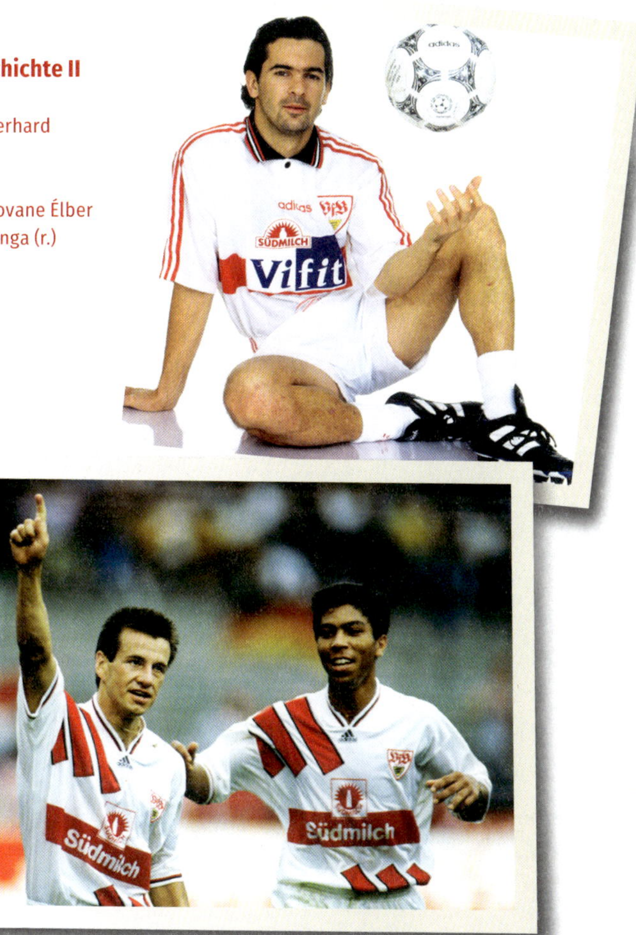

Trikot-Geschichte II

Bild rechts: Gerhard Poschner

Bild unten: Giovane Élber und Carlos Dunga (r.)

Wie man Nein sagt zu den Bayern

Eine VfB-Legende wechselt nicht zu den Bayern. Überall hin, zu Real, zu Inter. Nicht schön, aber nicht verwerflich. Doch eins geht gar nicht: zu Bayern. So geschehen bei den Herren Élber, Gómez und Pavard – das tut weh, das macht man nicht.
Manche entwickeln Verständnis. „Ja, wenn die Bayern anklopfen, kann man nicht anders." Da schwingt der Respekt vorm Idol mit. Ausreden werden konstruiert. „Der Ruf des Geldes", „Der wär ja doof ..." und so weiter. Schließlich wird so getan, als würde jeder VfB-Spieler nach München wechseln, wenn er nur könnte. Inzwischen ist es ein verbreiteter Irrtum, dieses Verständnis. Zwei All-time-Heros des VfB zeigen, wie man es richtig macht. Starke Charaktere. Große Vorbilder. Für immer.

Der große Schillbär

April 1969. Der großartige VfB fegt lausige Bayern mit 3:0 aus dem Neckarstadion. Die Jungstars Beckenbauer, Maier und Müller sind überfordert. Manager Robert Schwan will VfB-Star Gilbert Gress fürs Mittelfeld. Drei Stunden vor dem Spiel klingelt Schwan bei Gress durch. VfB-Spieler Willi Entenmann bekommt alles mit. Gress ist kurz angebunden. Schwan beschließt: „Während der zweiten Halbzeit, während eines Freistoßes oder eines Eckballs, gehen sie zum Franz. Der gibt ihnen einen Zettel mit der Adresse."
Tatsächlich zieht Beckenbauer nach dem Halbzeit-

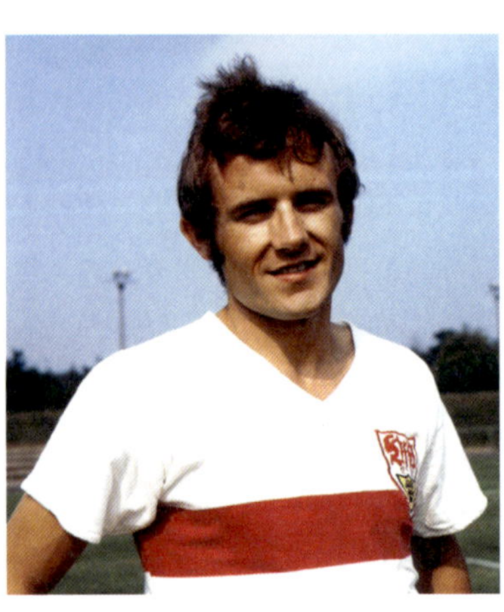

Gilbert Gress

pfiff ein Papier aus dem Stutzen. Sonntag, 10.00 Uhr. Es treffen sich im Auto, mit sicherem Abstand zum Hotel: Robert Schwan, Bayern-Trainer Branko Zebec, Béatrice und Gilbert Gress. Man wird sich einig. Doch schneller als gedacht landet das Gerücht in der Zeitung. Hans Blickensdörfer schreibt per Zeitung einen offenen Brief. „Lieber Gilbert", fängt die Hymne an. Noch 50 Jahre später wird Gress aus diesem Brief zitieren. Es wirkt: Familie Gress bleibt. Und Schillbär wird zur Legende.

Der große Wikinger

Juli 1982. Hansi Müller geht zu Inter. Ásgeir Sigurvinsson kommt aus München. „Bayern war der dunkle Punkt in meiner Karriere", sagt Sigurvinsson später. Dort gibt Breitner im Mittelfeld die Kommandos. Muss man nicht mögen. Der VfB hat einen Riesen geholt. Eismeer-Zico. Sigurvinsson schlägt ein. An Spieltag 8 ist der VfB Tabellenführer. Dann verletzt sich der Isländer. Er fällt ein halbes Jahr aus. Stuttgart wird nur Dritter.

Eine Spielzeit später holt der VfB die Schale. Dank Ásgeir. Der große Wikinger bleibt bis 1990. Einer der seltenen Exemplare eines kämpfenden Regisseurs. Der große „Ausgeir" (so spricht man ihn auf Isländisch aus) macht mehr als 200 Bundesligaspiele im Brustring. 39 Buden gehen auf sein Konto, unzählige Vorbereitungen und geniale Spielereröffnungen. Die legendäre Fallrückzieher-Bude von Klinsmann 1989: Eingeleitet durch Sigurvinsson. Nach der Meisterschaft 1984 merkt Uli Hoeneß, dass er den Sigurvinsson niemals hätte verkaufen dürfen. Er will seinen Fehler reparieren. Das Telefonat dauert nicht lange. Sigurvinsson wird zur Legende.

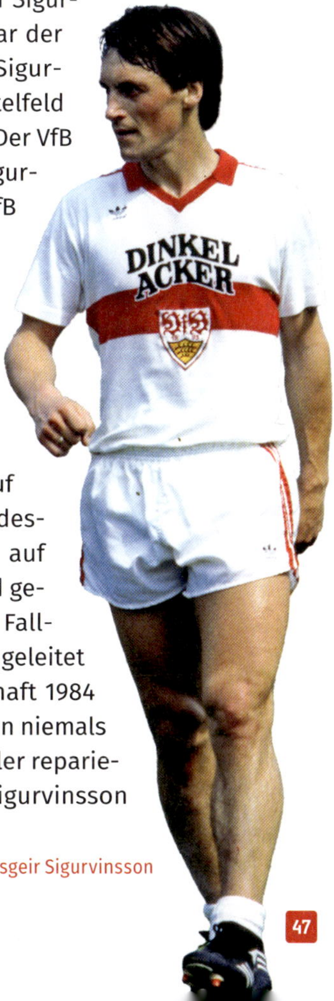

Ásgeir Sigurvinsson

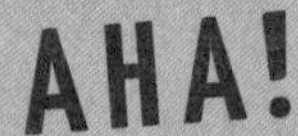

„Ich nix deitsch"

Was Trainer betrifft, hat der VfB ein galaktisches Repertoire. Vorhang auf für das Theater um František Bufka. Der Tscheche kennt sich gut aus im Eishockey. Robuste Strategie – muss auch im Fußball funktionieren. Laufen, rennen, kämpfen – und wieder von vorne. In Linz scheucht er sein Team bei Schnee und Eisregen über den Platz. Sogenanntes Wintertrainingslager. Südspanien ist was für Weicheier. Der Mannschaft stinkt das. Schleifer Bufka lässt nicht mit sich diskutieren. „Ich nix deitsch." Das Trainerkonzept braucht keine Kommunikation. Beim LASK geht es auch ohne deitsch. Meister 1965. Die erste Öschi-Meisterschaft eines Teams, das nicht aus Wien kommt.

In der Saison 1968/69 gibt es einen Machtkampf beim VfB. Präsident Dr. Fritz Walter geht. Wer kommt? Die Weitpert-Fraktion macht Druck. Die angeblichen VfB-Modernisierer um Dr. Hans Weitpert wollen mit Trainergeneral Bufka zurück in die Zukunft. Dr. Walter wundert sich. Er ist sehr zufrieden mit Gunther Baumann. Der Kompromiss: Bufka wird „technischer Direktor". Er soll gemeinsam mit Trainer Baumann arbeiten. Dem Schleifer aus Ostrava fehlt die deutsche Trainerlizenz. Bufka soll das parallel auf der Sporthochschule nachholen.

Baumann merkt nach wenigen Wochen, dass es so nicht geht. Baumann will sich das Theater keinen Tag länger bieten lassen, er hat ohnehin nur einen Vertrag für diese Saison. Kein Problem für den VfB. Peitschenknaller Bufka steht ja bereit. Bereit? Von wegen! Kommunikationstalent Bufka fällt mit unterirdischer Beurteilung durch die Trainerprüfung. Statt zwei Trainern hat der VfB plötzlich keinen. Wie praktisch, dass Geschäftsführer und Urgestein Franz Seybold einspringt. Auch ein Schleifer. Die Modernisierung wird verschoben.

Die Volksabstimmung

Stuttgart 21 ist keinesfalls die erste Baustelle, die die Stadt spaltet. Vierzig Jahre vor dem Bahnhof spaltet sich die Kommune beim Ausbau des Neckarstadions. Die WM 74 steht an. Aber das Stadion ist baufällig. Die Aufschüttungen aus der Vorkriegszeit rutschen. Der Beton bröckelt, das Mauerwerk reißt. Der Riss geht auch durch den Stuttgarter Gemeinderat. Oberbürgermeister Arnulf Klett will sanieren. Viel zu teuer, sagen die Gegner. Eine knappe Mehrheit beschließt den Bau. Aber der FDP passt das überhaupt nicht. Sie stemmt sich gegen den Ausbau, mit dem Geld sollen besser Schulen und Kindergärten ausgebaut werden.

So kommt es zum ersten Bürgerentscheid in der Nachkriegsgeschichte Stuttgarts. Flugblätter werden verteilt. Die Zeitungen sind voller Leserbriefe. Im Herbst 1971 stimmt Stuttgart gegen den Stadionausbau. Die Ausbaugegner sind knapp in der Mehrheit. Aber es nützt ihnen nichts. Die Wahlbeteiligung ist zu gering, unter 50 Prozent. Der Bürgerentscheid ist gescheitert. Wie beim Bahnhof geht es auch beim Stadion einem Bonatz-Bau an den Kragen. Die vom berühmten Architekten konstruierte Tribüne wird abgerissen. Baukosten: 25,4 Mio. DM. Im Sommer 1973 wird das Stadion eingeweiht. Gut gelaufen für den VfB.

Das Neckarstadion im August 1973

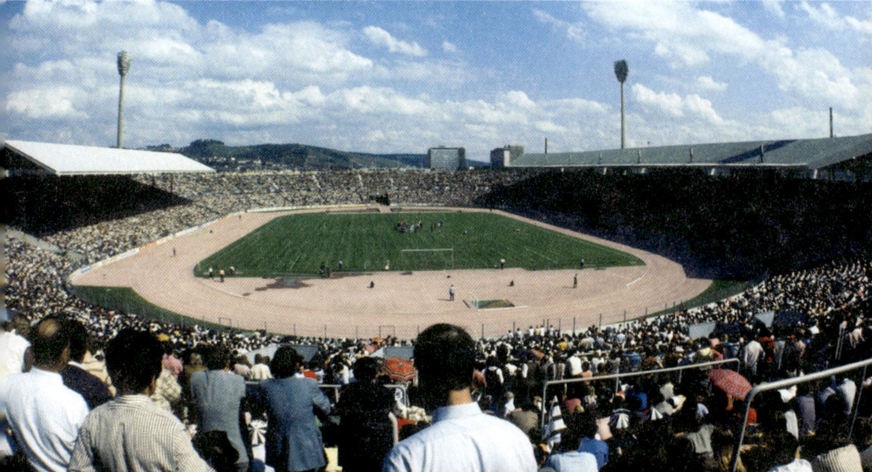

Europacup in Biberach

Viele Reisekosten sind bisher nicht angefallen. Weiter als in die zweite Runde ist der VfB in Europa nicht gekommen. Bilanz seit 1964: Zeitig raus gegen Dunfermline, erste Runde raus gegen Burnley und erste Runde raus gegen Neapel. Auch 1973 rechnet keiner mit einem Höhenflug. Weil das Geld fehlt, muss Horst Köppel verkauft werden. Die VfB-Jahreshauptversammlung beschließt: Jedes Mitglied muss bitte eine einmalige 100-DM-Unterstützung bezahlen. Für lau kommen unbekannte Talente: Heinz Stickel und Hermann Ohlicher.

Vermutlich hat der VfB präzise gerechnet. 50.000 DM sind da, um Olympiakos Nikosia das Heimrecht in der ersten Runde abzukaufen. Man spielt deshalb auf „neutralem" Platz – in Biberach. Nach einem 9:0 im Hinspiel kommen keine 4.000 Zuschauer zum zypriotisch-oberschwäbischen Abenteuer. Zweite Runde Prešov: Hinspiel 3:1 für den VfB. Nach 90 Minuten im hintersten Winkel der damaligen Tschechoslowakei steht es 3:1 für Prešov. Also Verlängerung. In 30 Minuten erzielt der VfB vier Kisten. Auch Ohlicher trifft. Die Stuttgarter Presse vergleicht ihn mit Gerd Müller. Dritte Runde Kiew: Die Reise führt über Moskau. Wegen eines Schneesturms bleibt der Flieger erstmal am Boden. Die Partie in Kiew wird auf Montagabend verschoben. Der VfB verliert 0:2. Im Rückspiel dreht Stuttgart das Ding. Bernd Martin erzielt drei Minuten vor Schluss das 3:0. Noch so ein Nachwuchstalent.

Nächste Runde Setúbal: Stuttgart mogelt sich mit 0:0 und 2:2 weiter. Halbfinale Feyenoord Rotterdam: Viel gefehlt hat nicht. Im Rückspiel macht Mucki Brenninger nach der Halbzeit zwei Buden zum 2:2. Aber der VfB hätte nochmal zwei gebraucht, um das 1:2 aus dem Hinspiel wettzumachen. Als Europacup-Halbfinalist geht der VfB mit großer Zuversicht in die nächste Saison. Die Kassen sind wieder gut gefüllt. Kann doch nichts passieren, oder? So kann man sich täuschen.

Auferstehung in Schwenningen

1975, 1976: zwei veritable Drecksjahre. Im ersten vollendet der wundervolle Klub den ersten Bundesligaabstieg seiner Geschichte. Obwohl mit dem Wuppertaler SV und Tennis Borussia Berlin zwei Murmeltruppen mitmischen. Obwohl die Kassen durch die vorherige Europacupsaison prall gefüllt sind. Obwohl im Team Jahrhundert-Talente am Start sind. Die A-Jugend wird Deutscher Meister.

Im zweiten Jahr der dunklen Ära vergeigt der wundervolle Klub eine gesamte Zweitligasaison. Er spielt nicht die Gegner aus dem Stadion, sondern das Publikum. Tiefpunkt Mai 1976: Heimspiel gegen den traurigen Zweitligaletzten SSV Reutlingen. Der VfB verliert 2:3. Die Zuschauer wollte das nicht mehr sehen. 2.000 Zuschauer sind All-Time-Minusrekord. Nur während der Covid-Pandemie kamen weniger.

Der schwäbische Superklub hat ordentlich Kreide intus. Vor der Saison 1976/77 wagt kaum einer, an Aufstieg zu denken. Die Jungs sind grün hinter den Ohren. Auch dem unbekannten Trainer namens Sundermann traut niemand was zu. Es geht los wie erwartet. Ein trostloses 0:0 im Derby gegen die Kickers. Spieltag 4: 0:0 gegen Bayreuth. Spieltag 5: 0:0 in Fürth. An Spieltag 6 muss der VfB nach Schwenningen. Der designierte Absteiger haut dem VfB in 30 Minuten drei Kisten rein. Kann man tiefer sinken?

Sundermann wird es zu bunt. Er bringt mit Gerhard Wörn und Harald Beck zwei Junge. Hinterher steht in den Geschichtsbüchern, dass in dieser 31. Spielminute das Wunder begann. Der VfB holt noch ein 3:3. Im folgenden Heimspiel gegen den SV Chio Waldhof drehen die angehenden Wunderkicker in den letzten zehn Minuten das Spiel. Sie machen drei Buden und gewinnen 4:3. Am Ende der Saison steigt das Wunderteam auf. Dass es 100 Tore geschossen hat, wundert niemanden. Wundermanns Werk.

VfB Stuttgart. Eine Zeitreise

1893–1919 **Die Gründerzeit**

In der Kneipe „Zum Becher“ wird der FV Stuttgart 1893 gegründet – hierher kommt die Jahreszahl. Der Kronenclub wird im Jahr 1897 in der Cannstatter Kneipe „Die Tanne“ gegründet – daher der Standort. Die Mitglieder stammen aus Privatschulen, Oberrealschulen und Gymnasien. Man kennt sich von Tanzabenden. 1912 wird im Hotel Concordia fusioniert, direkt gegenüber vom Cannstatter Bahnhof. Der Klub nennt sich nach der größeren Stadt. Zeichen des Königshauses Württemberg werden ins Wappen aufgenommen. Kurz bevor der Krieg ausbricht, steigt der VfB in die höchste Spielklasse auf.

1920–1932 **Die Zwischenkriegszeit**

Nach dem Krieg kommt der VfB nicht richtig vom Fleck. Die Kickers sind schneller. 1920 wird mit Egon Reichsgraf von Beroldingen ein Präsident gewählt, der im Krieg eine Fliegerstaffel kommandierte. Weitere Offiziere treten bei. Die Presse schreibt vom „Säbelesklub“. Von Beroldingen wird nach Frankfurt versetzt. Die nationalkonservative Prägung bleibt. Der gesellschaftliche Wandel der „Roaring Twenties“ geht am VfB spurlos vorüber. Dafür entwickelt sich der Verein sportlich. Die Derbys gegen die Kickers werden jetzt auf Augenhöhe ausgetragen. Die Stuttgarter Vereine entwickeln sich zu Top-Klubs in Süddeutschland. Nürnberg und Fürth bleiben jedoch vorne.

1933–1945 **Das dunkle Zeitalter**

Der VfB sucht und findet die Nähe zu den Nazis. Manche VfBler müssen sich nicht stark verbiegen, um der NSDAP beizutreten. Der Klub arrangiert sich mit der Diktatur. Auch, aber nicht nur, weil er ein Stadion braucht. Die erste Teilnahme an einem deutschen Endspiel kommt überraschend. Vor der Saison 1934/35 rechnet in Deutschland niemand mit dem VfB. Die „Fußballwoche“ führt keinen VfB-Spieler unter den Top100 in Deutschland. Der VfB verliert zwar 4:6 gegen Schalke. Aber: vier Tore in einem Finale! Stuttgart feiert.

Das Nachkriegsmomentum

1946–1949

Wenige Tage nach Kriegsende schafft der Verein die Voraussetzungen für seine goldene Epoche. Auf Initiative von VfB-Funktionären formiert sich die Oberliga Süd. Schneller als der DFB aus den Löchern kriechen kann, steht eine Süd-Liga. 1946 wird der VfB Südmeister.

Die Goldene Ära

1950–1962

Der Klub nimmt Wirtschaftswunder und Wunder von Bern vorweg. Er wird 1950 und 1952 Deutscher Meister. Anfang der Fünfziger gibt zwei deutsche Spitzenteams: Kaiserslautern und den VfB. Schade nur, dass Bundestrainer Herberger nah an der Pfalz wohnt, sonst wären bei der WM 1954 mehr VfB-Spieler im Aufgebot gewesen. Die DFB-Pokalsiege 1954 und 1958 sind Zugaben einer goldenen Epoche. Die Kickers? Abgehängt. Ein für alle Mal.

Die ersten Bundesligajahre

1963–1970

Als großer Klub der Landeshauptstadt ist der VfB mit dabei. Der Verein ist allerdings nicht mehr so fortschrittlich wie in den Fünfzigern. Wenn die Professionalisierung zwei Schritte nach vorn marschiert, geht sie postwendend einen Schritt zurück. Immerhin: Der VfB steigt nicht ab.

Die Skandaljahre

1971–1975

Bundesligaskandal. Der VfB hängt mit drin. Zuvor löst ein Verleger mit Geltungsdrang den legendären VfB-Präsidenten Dr. Fritz Walter ab. Hans Weitpert verspricht Modernisierung. Daraus wird jedoch nichts. Im Gegenteil. Der Abstieg 1975 trifft den Verein ins Mark.

1976–1983 **Die Wunderjahre**

Mit hundert Toren stürmt der VfB durch die zweite Liga Süd. Im Aufstiegsjahr 1977 schießen die Wundermänner alles aus dem Stadion. Nur auswärts klappt es mit dem Hurrastil nicht. Stuttgart wird Bundesliga-Vierter. 1978 reicht es fast zum Titel. Stuttgart ist der Liebling der Nation. Aber kein Meister.

1984–1991 **Das starke Jahrzehnt**

Jetzt klappt's. Unter Trainer Benthaus gelingt 1984 das Meisterstück. Präsident Mayer-Vorfelder gilt als Macher. In den Achtzigern wird der VfB Stammgast im Europacup. Die Voraussetzungen für eine zweite goldene Ära sind glänzend. Aber irgendwas kommt immer dazwischen, beim UEFA-Cup-Finale 1989 ist es der Schiedsrichter.

1992–1996 **Die Deutschland-Meisterschaft**

Der VfB wird erster Meister nach der Wiedervereinigung. Die Superkicker haben stets hohe Ambitionen – und ein Abo aufs vordere Mittelfeld. 1991/92 passt alles. Guido Buchwald, Matthias Sammer, Fritz Walter spielen auf der Höhe ihrer Schaffenskraft. Christoph Daum gibt den Mega-Motivator. Meister! Kanone! Über einen legendären Wechselfehler im Europacup stolpert der VfB zurück ins gehobene Mittelfeld.

1997–2001 **Die magischen Pokaljahre**

Stabile Performance in der Liga. Groß im Pokal. Das magische Dreieck Élber, Balakow und Bobic schießt den VfB 1997 zum DFB-Pokal. Ein Jahr später das Finale gegen Chelsea. Grandiose Tage. Zum Cupsieg reicht es nicht, auch weil Präsident Mayer-Vorfelder längst nicht mehr auf Ballhöhe ist. Er lässt zu, dass Trainer Joachim Löw vor dem Finale demontiert wird.

2002–2006 **Die junge, wilde Phase**

Seit 2000 putzt Manfred Haas als Präsident weg, was sein Vorgänger Mayer-Vorfelder übriggelassen hat. Enorme

Schulden. Die jungen Wilden tauchen auf. Die Generation um Hinkel, Kuranyi, Hleb und Hildebrand wird Vize und gewinnt ein legendäres Heimspiel gegen ManU. Das hätte der Durchbruch sein können. Aber die Jahre bleiben wild – in jeder Dimension.

Die fünfte Meisterschaft

2007–2009

Wer einen Cent auf die Meisterschaft des vorigen Bundesliganeunten gesetzt hätte, wäre ausgelacht worden. Wie Phönix aus der Asche sichern sich die VfBler 2007 die Meisterschaft, mit acht Siegen an den letzten acht Spieltagen. Die Stadt feiert die längste Meisterfeier Deutschlands. Präsident Erwin Staud geht mit der Schale ins Bett.

Die Krisenjahre

2010–2022

Die Liga boomt. Die Kommerzialisierung des Fußballs galoppiert. Der VfB bleibt stecken. Die Einnahmen sind da. Aber der Verein hat ein Problem mit den Ausgaben. Stuttgart veranstaltet ein Festival merkwürdiger Transfers. Die eigene Jugend wird vernachlässigt. Niemandem gelingt es, ein Team zu formen, das mehr als eine Halbserie performt. Bei Trainerwechseln bleibt der VfB ein Großer. 2016 und 2019 steigen die schwäbischen Superkicker ab. Nach der Präsidentenbehauptung namens Gerd Mäuser scheitert auch der brave Bernd Wahler. Mit knapper Mehrheit wird 2016 Wolfgang Dietrich gewählt. Er soll den VfB teuer rechnen, weil sich die Daimler AG im Rahmen einer Ausgliederung einkaufen will. Dietrich erfüllt die Wünsche. Mehr bekommt er nicht gebacken. Das Problem mit den unvernünftigen Ausgaben bleibt erhalten. Nach dem Abstieg 2019 brüllen die Mitglieder Präsident Dietrich aus dem Stadion. Als sich der VfB erholen will, taucht das Corona-Virus auf. Die Pandemie verändert den Fußball. Auch in Stuttgart.

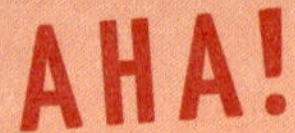

Der Rekordnationalspieler

Drei Minuten, nicht mehr. Drei Minuten hat Bernd Martin Nationalmannschaft gespielt. Der großartige Außenverteidiger des VfB-Wunderteams hält den Rekord. Weniger Spielminuten hat kein deutscher Nationalspieler. Es war kein unwichtiger Kick, sondern ein Hopp-oder-Top-Spiel in der EM-Qualifikation. In Wrexham gegen Wales. Kurz vor Schluss humpelt Stielike vom Platz. Derwall bringt Martin, für die letzten drei Minuten.

Danach ist es blöd gelaufen. Im Spiel gegen Bochum holt sich Martin eine extra-komplizierte Knieverletzung. Er steht im Auswahlkader für die EM 80, muss aber aus dem Trainingscamp abreisen, weil seine Frau ein Kind verloren hat. Es gibt Wichtigeres als ein paar Länderspiele.

Martin hält in 269 Begegnungen seine Knochen für den VfB hin. Er könnte der einzige Spieler sein, den es je angekotzt hat, zu den Bayern zu wechseln. Uli Hoeneß hält ihm eine Abmachung mit dem VfB vor die Nase. Der Deal: Sigurvinsson und Niedermayer wechseln nach Stuttgart. Im Gegenzug geht Martin zu den Bayern. Dort spielt er in drei Jahren nur 16 Mal. Vorbildliche Haltung. Absolute VfB-Legende, dieser Bernd Martin.

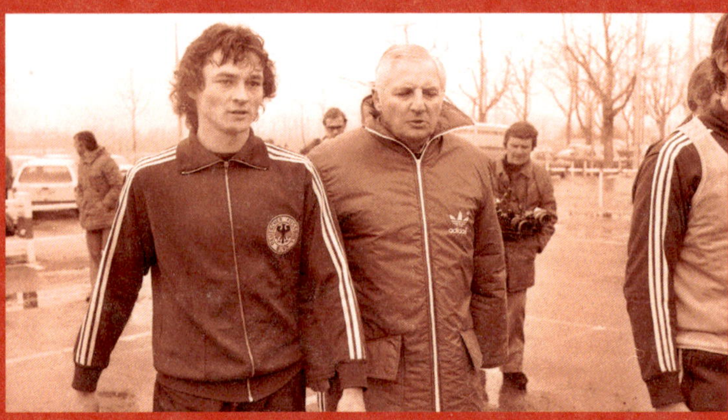

Bernd Martin mit Bundestrainer Jupp Derwall, 1979

Schiris Liebling

Wenn Du alles, was Jungs in den Siebzigern werden wollen, in eine Person packst, sag einfach Hansi Müller. Kickt wie ein junger Gott, sieht so ähnlich aus und macht nebenher noch Abi. Eine feine Nuance Arroganz, aber bitte, warum auch nicht? Auf dem Platz: Tadellose Frisur, aufrechte Figur. Bloß nicht so viel laufen. Die Körpermitte muss stabil bleiben, damit das feine Füßchen präzise arbeiten kann.

Der universelle Liebling begeistert alle – außer Schiedsrichter Klaus Ohmsen aus Hamburg. Beim Heimspiel gegen Düsseldorf im April 1978 crashen Müller und Ohmsen zusammen. Müller kann weiterspielen. Ohmsen bricht sich den Unterarm und muss ausgewechselt werden. Im November 1978 tritt der VfB in Bochum an. Müller gerät mit dem giftigen VfL-Spieler Oswald aneinander. Müller sieht die Rote Karte – von Schiedsrichter Klaus Ohmsen aus Hamburg.

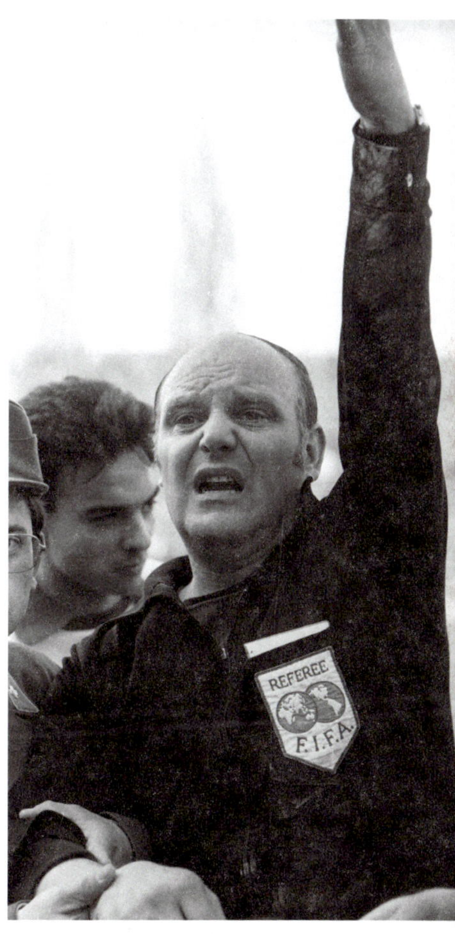

Schiedsrichter Klaus Ohmsen verlässt schmerzverzerrt das Spielfeld. Hansi Müller (im Hintergrund) interessiert anderes.

VfB-Trainer. Die Ungeliebten

Otto Barić

Je lauter die Klappe, desto riskanter der Beruf. Da hat es Otto Barić natürlich schwer. Lieblingswort „maximal". Barić kommt im Sommer 1985 von Rapid Wien. Seine Empfehlung: insgesamt drei Meistertitel und vier Cupsiege. Wenn es schief geht, hat Otto Maximale eine einfache Erklärung: „Diese Spieler, was können nicht, können nicht deshalb nicht, weil sie nicht wollen" (noch bei Rapid Wien). „Ich kann nichts dafür, wenn mein Stürmer den Ball fünf Meter vor dem Tor verstolpert" (über Jürgen Klinsmann). Das maximale Trainerfiasko crasht nach acht Monaten. Danach holt Willi Entenmann 17:3 Punkte und erreicht das DFB-Pokalfinale. Im Alter zeigen sich die Defizite schonungslos. Der maximale Hobbysänger, Spezialgebiet kroatische Folklore, gibt zu Protokoll: „Meine Spieler müssen echte Kerle sein. Also können Homosexuelle bei mir nicht spielen, höchstens gegen mich." Trotz Strafe der UEFA klebt Barić an seiner Überzeugung.

Winfried Schäfer

In Karlsruhe hat man sich schlapp gelacht. Der badische Kulttrainer ersetzt 1998 den beliebten Jogi Löw. Jogi hatte einen Pokalsieg geholt und ein europäisches Finale erreicht. Ein Anruf bei KSC-Spielern hätte genügt. Rainer Schütterle sagt: „Was der an der Seitenlinie veranstaltet hat, war uns total egal." Das Kasperl vom Spielfeldrand soll beim VfB für Disziplin sorgen. Das geht natürlich schief, schon nach fünf Monaten. Schäfer legt sich mit seinen Spielern an, vor allem mit Balakow und Bobic. Der neunmalwichtige Trainer redet stets davon, womit er sich auskennt: vom KSC und natürlich von sich selbst. Er drängt sich ins Bild: stilecht mit badisch-gelber Krawatte und einem KSC-blauem Hemd, auf dem der KSC-Sponsor Ehrmann prangt. Es kommt zur Spielerrevolte. Eine heimliche Abstimmung im Team ergibt: 25:0 Stimmen gegen

Schäfer. Zum Abschied wirft der Rheinländer dem Publikum antibadischen Rassismus vor, also den Leuten, die den Südbadener Jogi Löw zuvor geliebt hatten. Rassismus? Fünf Jahre später erzählt Jimmy Hartwig an anderer Stelle: „Schäfer hat mich auch mal als Negerschwein beschimpft."

Egon Coordes

Für den Titel der lausigsten Fehlbesetzung bewirbt sich Egon Coordes. Der Bayern-Co-Trainer wechselt 1987 nach Stuttgart und legt sich mit allen an, die ihm über den Weg laufen: Spieler, Trainer, Fans, Sponsoren und Funktionäre. Zum Einstand degradiert er Vorgänger Willi Entenmann, inklusive arroganter Kommentare. Dann nimmt sich der Trainerdespot VfB-Ikone Karl Allgöwer vor („Netzbeschmutzer") und setzt ihn als Kapitän ab. Predrag Pašić sagt: „Unter Coordes spiele ich nicht mehr." Michael Spies: „Notfalls gehe ich auch ins Ausland oder in die zweite Liga." Die Stuttgarter Presse berichtet wahrheitsgemäß. Der ehemalige Bereitschaftspolizist erkennt „eine Hetzkampagne, die mich an die NS-Zeit erinnert". Es wird immer schlimmer. Coordes' Hund Rex beißt den Dackel eines Reporters und dann auch noch den Reporter selbst. Coordes, so heißt es, hatte Rex scharf abgerichtet. Am Spielfeldrand wirft der Choleriker mit Nummerntafeln nach Fotograf Herbert Rudel. Coordes zu Rudel: „Nachher komm ich und hau Dir auf die Fresse." Coordes bei der Pressekonferenz: „Ich wollte nur probieren, wie der Wind steht." Bevor es weiteres Ungemach gibt, wird Coordes entlassen. Er wechselt zurück nach München – als Co-Trainer, der besser seinen Mund hält.

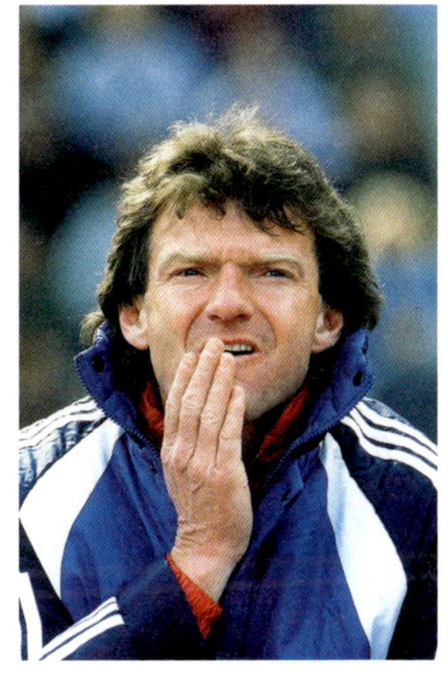

Egon Coordes

VfB-Trainer. Die Legenden

Arie Haan

Original Totaalvoetbal in Stuttgart. Oranje-Schule aus erster Hand. Der zweimalige Vizeweltmeister kommt 1987 nach Stuttgart. Die Stimmung ist so gut wie niemals zuvor, die Pressekonferenzen sind harmonisch bis familiär. Die Themen werden im Bierhaus West bis in die Nacht vertieft. Das Team steht geschlossen hinter Haan. Vor einem Spiel bei Espanyol wettet der Trainer gegen Eike Immel, dass er von zwanzig Elfern zwanzig reinmacht. Immel verliert, höher als beim Pokern. Hätte Immel damals nur verstanden, wie riskant Wetten sein können ... Immel will Revanche. Der Trainer soll von der Mittellinie zwanzig Stück im Tor versenken, ohne dass der Ball vorher den Boden berührt. Immel muss wieder zahlen. Allgöwer, Klinsmann und Buchwald werden zu Ikonen. Dank Haan. Zugegeben: Haan verpasst auch mal den Flieger zur Gegnerbeobachtung. Aber bitte: Wer gewinnt, hat recht. 1990 wird er von Mayer-Übersteiger per Ausraster entlassen. Haan legt die Grundlage für die Meisterschaft 1992. „Was MV zu sagen hat, ist nicht das Evangelium", sagt Haan. Er zieht in aller Freundschaft weiter.

Willi Entenmann

Willi Entenmann ist das prominenteste Beispiel für ein fatales VfB-Phänomen: Trainer aus der Region haben es schwer. 1980 coacht Entenmann die VfB-Amateure zum deutschen Amateurmeister. 1984 folgt der Meistertitel als Assistenz-Trainer von Helmut Benthaus. Er rettet als Chef nach der Barić-Entlassung die Saison. Dann wird er von Coordes verscheucht. Unter Haan wieder Co-Trainer. Dann kurze Zeit Chef – so lange, bis MV den Daum bekommt. Entenmann ist ein großer Menschenkenner und Pädagoge. Einer, der die hervorragende Nachwuchsarbeit prägt. Warum ihm die große Karriere versagt blieb, die er verdient hatte? Zu oft zur falschen Zeit am falschen Ort. Das gilt insbesondere für seine Station in Nürnberg. Ausland? Angebote gabs genug. Aber in Benningen ist es auch schön.

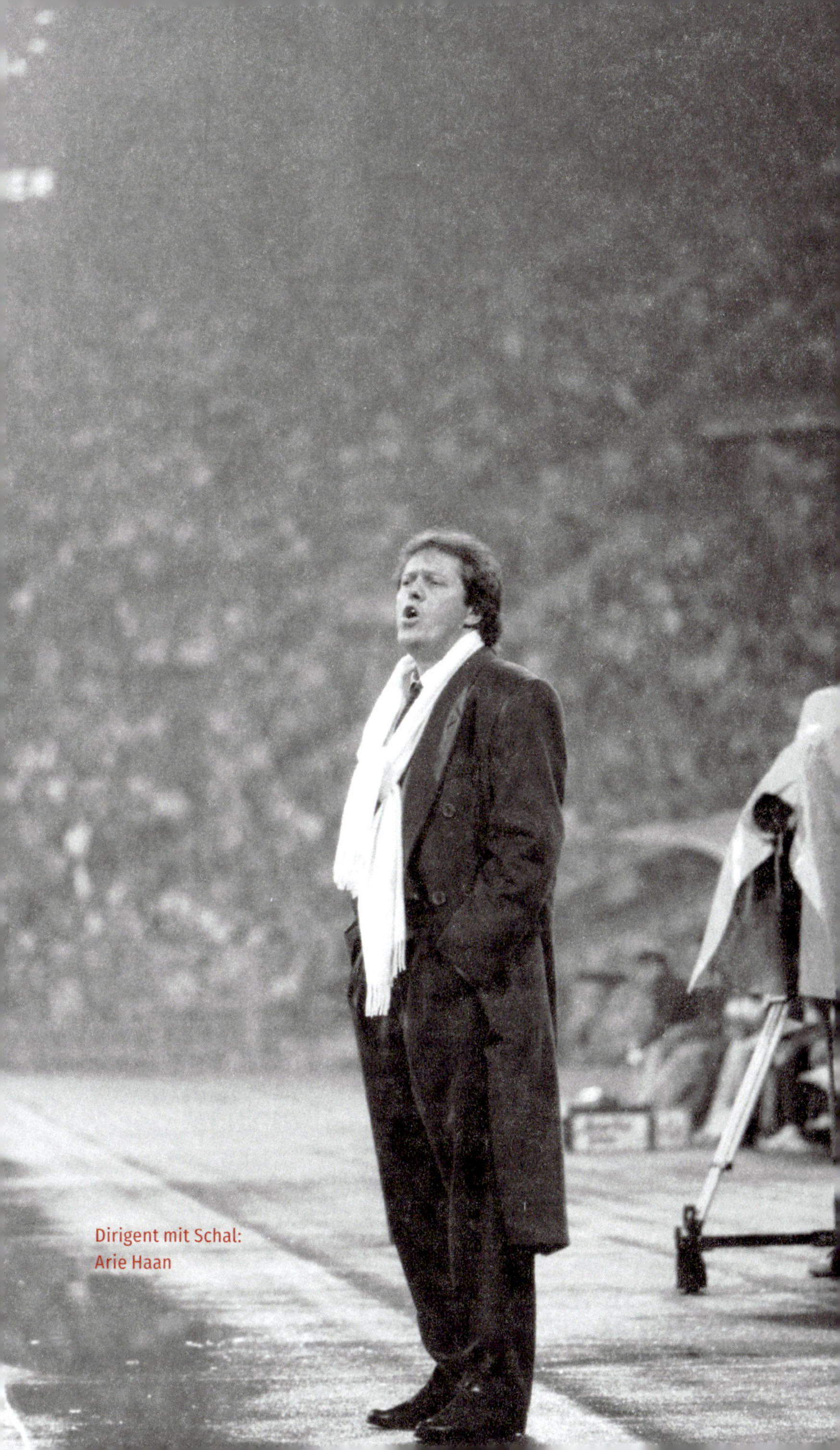

Dirigent mit Schal:
Arie Haan

Rolf Fringer

In der Trainerhistorie ein unauffälliger Übungsleiter. Und nur eine Saison da, ohne Titel. Der Österreicher, der aus der Schweiz kam, will den VfB in den Neunzigern revolutionieren. Aufräumen mit der althergebrachten Libero-Marotte. Stattdessen: Viererkette, ballorientiertes Spiel. Begriffe aus der Zukunft des Fußballs. So viele gute Ideen und moderne Methoden. Doch Fringer scheitert. Allen voran am hochbegabten Thomas Berthold, bei dem damals schon abzusehen ist, dass Selbstbewusstsein und Intelligenz in einem eklatanten Missverhältnis stehen. Der spätere Megaschwurbler sabotiert im Verbund mit Mayer-Unterdribbler Fringers moderne Ansätze. Nach einer durchschnittlichen Saison geht Fringer. Er lässt seinen Assistenten zurück, der als Spielmacher beim FC Schaffhausen alles von ihm übernommen hatte, was ein guter Trainer braucht: Jogi Löw.

Helmut Groß

Rangnick wäre kein Professor, wenn er „The Brain" Groß nicht gehabt hätte. Die beiden analysieren in den Achtzigern die Methoden von Valery Lobanowsky, der mit Dynamo Kiew im Trainingslager Ruit arbeitet. Auf dieser Basis entwerfen sie ihre neue Lehre und setzen sie beim Württembergischen Fußballverband durch. Die Welle der württembergischen Supertrainer geht auf diese Spielprinzipien zurück. Leider gerät Professor Rangnick irgendwann auf die schiefe Bahn (Hoffenheim, Schalke, Leipzig). Brückenbauingenieur Groß will kein Ligatrainer werden. Besser als Mastermind im Hintergrund. Groß etabliert als VfB-Jugendkoordinator seine Spielprinzipien. Die A-Jugend des VfB wird von 1988 bis 1991 viermal Deutscher Meister. Eine Etage weiter oben sind die Herren mit Wichtigerem beschäftigt. Auf die Jugendarbeit ist man ewig stolz. The Brain lässt man weiterziehen.

AHA!

Woher kommt die Rivalität?

Der große Traditionsclub aus Württemberg ist mit dem Traditionsclub aus Baden aufs Innigste verbunden. Wenn die beiden sich treffen, ist Stimmung angesagt, allerdings ohne herzliche Begrüßung.

Die Rivalität entwickelt sich in den Bundesligazeiten. Der Bindestrich in der Mitte von Baden-Württemberg bildet die Demarkationslinie. In der drittgrößten Stadt des Bundeslandes führt man gerne gestrige Argumente ins Feld. Zum Beispiel Zweifel, dass Stuttgart eine gute Wahl gewesen sei als Landeshauptstadt. In anderen Erzählungen wird auf den Gegensatz zwischen dem eher katholischen Baden und dem eher evangelischen Württemberg verwiesen. Außerschwäbische Historiker graben noch tiefer. Sie nehmen es den Württembergern noch 200 Jahre später übel, dass sie sich angeblich auf die Seite Napoleons geschlagen hatten. Damals, 1806, als Napoleon das schönere Land zum Königreich erklärte.

Eine gepflegte Rivalität hat so viele Gründe wie Derbysiege. Sportlich gesehen steht fest: Die großen Zeiten von ... Ding ... sind lange her. Meistens gewinnt der Bessere. Ausnahmen bestätigen die üblichen Kräfteverhältnisse. Dazu passt: Wer mal in ... Ding ... gespielt hat, wird's im Brustring zu nichts bringen. Seit Gründung der Bundesliga wechselten zum VfB: Günter Eisele (1973, den hatte der VfB ausgeliehen), Rainer Schütterle (1987), Sean Dundee (1999, via Liverpool), Stefano Celozzi (2009) und Tamás Hajnal (2011, via Dortmund). Über den Trainer sprachen wir bereits (s. S. 58). Keiner wird zur VfB-Ikone.

Ewig wunderbar ist die Anekdote mit der Anzeigetafel: In den Achtzigern wird die Anzeigetafel im Neckarstadion gegen eine Videowand ausgetauscht. Und wo wird die alte Tafel nochmal aufgestellt? Genau: im Ding-Stadion. Dafür ist der Schrott noch gut genug.

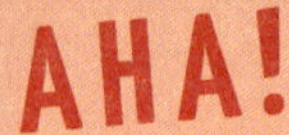

Warum der VfB keinen Europacup gewinnt

1989: Zweiter Sieger gegen die Mafia

Die Camorra hat viele Arme und Beine. Auch der Fußball gehört dazu. Europacupsieg als Machtdemonstration – nichts leichter als das. Schließlich kümmern sich die Mafiosi gerne um Gottessohn Diego Armando Maradona. Er ist nicht umsonst hinabgestiegen in die Stadt am Vesuv. Maradona gehört zur Familie, die Mafia versorgt ihn mit Drogen und Prostituierten. So weit ist die Geschichte bekannt und bestätigt.

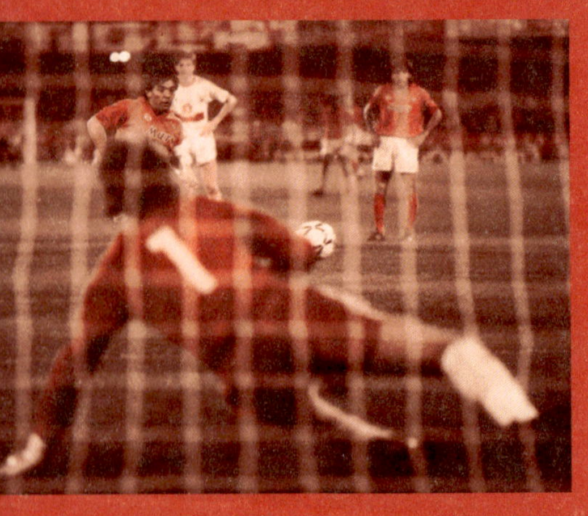

Maradona beim Elfmeter

Wie die Mafia beim UEFA-Cup-Finale gegen den VfB nachgeholfen hat, wird niemals zu beweisen sein. Sind ja keine Anfänger bei der Camorra. Was man sich zusammenreimen kann, ist folgendes: Der griechische Schiedsrichter Gerassimos Germanakos verpfeift das Hinspiel nach allen Regeln der Kunst. Der VfB spielt im San Paolo eines der besten Spiele seit 1893. Gaudino macht früh das 1:0. Danach ist Napoli eigentlich chancenlos. Maradona macht gegen Hartmann und Buchwald keinen Stich. Bis Germanakos Mitte der zweiten Halbzeit ein Handspiel von Schäfer gesehen haben will. Im Strafraum! Komplett lächerlich. Oder eben bezahlt. Maradona verwandelt den geschenkten Elfmeter persönlich – mit Dank an seine lieben Freunde. Germanakos gibt auch noch Buchwald die gelbe Karte. Wegen keinem Foul. Stuttgarts

Herz fällt fürs Rückspiel aus. Drei Minuten vor Schluss fängt sich der VfB das 2:1.

Schiedsrichter Germanakos wusste schon vor dem Spiel, dass es sein letztes sein würde. Danach tritt er zurück. Die UEFA-Sperre, die er wegen skandalöser Leistung kassiert, kann ihm wurscht sein. Es gibt Augenzeugen, die den Schiri tief in der Nacht aus mafia-kontrollierten Etablissements haben kommen sehen. Ohne die Camorra geht in Neapel nicht viel, nicht mal UEFA-Cup. Nichts davon ist amtlich oder nachgewiesen. Fest steht nur eins: Im Rückspiel kann der VfB das Ding nicht mehr drehen.

1998: Zweiter Sieger gegen sich selbst

So etwas kannst Du Dir nicht ausdenken. Der VfB im Europacup-Finale gegen Chelsea – und seit Wochen wird über den Trainer diskutiert. Es sind nicht die Fans, die finden den Trainer klasse. Der spätere Bundes-Jogi wird vom eigenen Präsidenten demontiert. Der verhandelt mit Ottmar Hitzfeld, zieht allerdings gegen Bayern München – vorhersehbar – den Kürzeren. Vor dem Finale in Stockholm macht das Gerücht die Runde, Gerhard Mayer-Unvorhersehbar würde mit Winfried Schäfer verhandeln. Skandal! Und leider wahr.

Auch doof: Frank Verlaat sieht im Halbfinale gegen Lok Moskau die zweite Gelbe, ebenso Martin Spanring. Chelsea ist zwar noch kein superreicher Klub, aber schon betucht. Gianluca Vialli macht den Spielertrainer. Di Matteo führt Regie, Gianfranco Zola kommt von der Bank. Wie zum Ausgleich senst Dennis Wise alles um, was sich nicht bei drei in der Umkleidekabine versteckt. Gerhard Poschner erinnert sich: „Als wir nach Schweden fuhren, ging es aber nur darum, wie lange der Trainer noch da sein würde. Du stehst als Klub in einem derart bedeutenden Finale und die Stimmung geht gegen Null. Für das Theater vorher haben wir die Zeche bezahlt." Zwei Tage nach dem Finale findet eine Saisonabschlussfeier statt. Dass Löw gehen muss, ist nicht offiziell, aber allen klar. Die meisten Spieler machen sich vom Acker. Man trifft sich beim Italiener, um Abschied von Jogi zu feiern und darauf anzustoßen, dass er es noch weit bringen wird …

Wappen-Wert

Ein Wappen ist niemals ein Logo. Ein Wappen hat eine Geschichte, die zu respektieren ist. Ein Logo nicht unbedingt.

Was rauskommt, wenn sich Werbefuzzis an Wappen vergreifen, kann man ab 1994 beim VfB besichtigen. Ergebnis: wie ein Kindergeburtstag. Verantwortlich dafür ist Ex-Werber und VfB-Marketingdirektor Peter Godenrath. Sein Credo: Hauptsache Vermarktung. „In der Wirtschaft interessiert es nicht, wie alt ein Verein ist, sondern nur, wo er herkommt." Godenrath versündigt sich an den emblematischen Buchstaben VfB. Er ersetzt die mythische Jahreszahl 1893 durch den banalen Schriftzug Stuttgart. Er wählt die charakterloseste Schrift, die in seinem Designbaukasten zu finden ist. Eines seiner Argumente: der asiatische Markt ...

Dem heldenhaften Einsatz der Initiative „Pro altes VfB-Wappen" ist es zu verdanken, dass der historische Irrtum im Jahr 2013 korrigiert wird. 80 Prozent der Mitglieder stimmen für eine Rückkehr zum alten Wahrzeichen. Jetzt ist das historische Wappen wieder zurück. Es wurde in seinen Grundzügen im Jahr 1924 von Hermann Stammler entwickelt. Die Hirschstangen des Hauses Württemberg sehen wieder nach Hirschstangen aus – und nicht nach Igelrücken. Der 1949 eingefügte Schriftzug VfB ist wieder so, wie es sich gehört: traditionell statt grob verpfuscht – eben original.

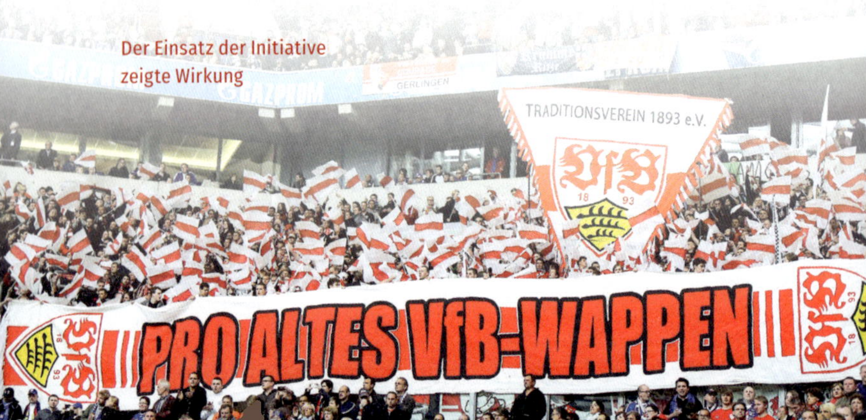

Der Einsatz der Initiative zeigte Wirkung

Best of VfB. Die Charts

Platz 5

Wolle Kriwanek

Stuttgart kommt, 1996

So einfach muss Fußball klingen. Schnörkellos nach vorne, komplett über die Harmonieflügel gespielt. Etwas fett arrangiert, also genau richtig: „Der ganze wilde Süden strahlt in Weiß und Rot, der Neckar, der wird weiter fließen, du wirst weiter Tore schießen, VauEffffBee, VauEffBee." Aus dem Hintergrund müsste ein Chor einsetzen. Ein Chor setzt ein: „Stuttgart vor. Stuttgart vor." Wer jetzt nicht mitsingt, muss Badenser sein.

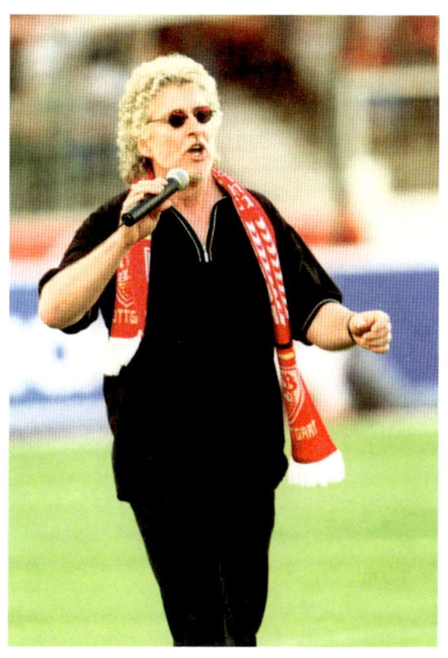

Platz 4

Pomm Fritz

Ich steh zu Dir, 1996

Bluesrock, oberschwäbische Version. Die Stimmen wären gerne als Meat Loaf und Bonnie Tyler zur Welt gekommen. Hat nicht mal dazu gereicht. Horror Show. Ohne Rocky, ohne Picture. Out of Biberach schwer zu ertragen. „Mir haltet z'samma, ganz egal, was auch kommt. VfB, ich steh zu Dir. VfB, was auch bassiert." Stimme voll verknödelt. Rock ist, wenn man sein eigenes Ablaufdatum nicht mehr lesen kann. Kannst du nur besoffen hören. Dröhnte jahrzehntelang durchs Stadion, wenn wir nach Niederlagen ein Bier brauchten. Leider viel zu laut – und viel zu oft. Ein Sound, der aus dem Stadion keinen besseren Ort macht.

Platz 3

Das tragische Dreieck
Steh Auf (Eo Amama Eo), 1996

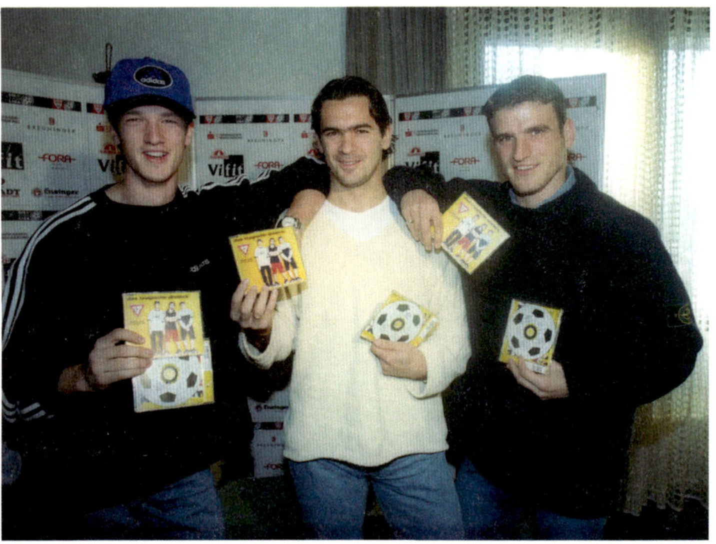

Fredi Bobic, Gerhard Poschner, Marko Haber. Dance & Fusion vom Feinsten. Chartbreaker mit Rap und experimentellen Einflüssen. Dazu der lakonische Rap von waschechten Profi-Stimmen. Fein ausbalancierter Stilmix zwischen 90er Disco, Grandmaster Flash, magischem Dreieck und den frühen Fanta4. Gemixt im Tonstudio von PUR. Abenteuerland ist nichts dagegen. Dazu die philosophische Erkenntnis: „Eo-Amama-Eo“. Wie rappt Fredi Bobic: „Das war wohl ein Versehen!“ Lässiges Playback bei der Stadion-Performance. So schreibt man Geschichte.

Platz 2

Eddy de Vallon

Ich Bin Ein Fan, 1984

Absolute Rarität! Von der Popkritik übersehene B-Seite der Meisterschaft-Single von 1984. Dramatisches Gitarrensolo zu Beginn. Emotion pur, getragen von der Leidenschaft eines Carlos Santana (entfernte schwäbische Verwandtschaft). Sprechgesang mit Anklängen an Falcos „Jeanny", allerdings in der melodramatischen Variante: „Sonne, Regen, Sturm und Schnee. Mich, mich zieht es immer wieder hin. Rot wie Blut und Weiß wie Schnee, das sind die Fans vom VfB." Große Gefühle, großer Sport! Finale furioso mit Anleihen an den wilden Krautrock der Siebziger. Mehr als fünf Minuten Amon Düül auf Bundesliga. Kannst Du nur komponieren, wenn Du auf einem guten LSD-Trip bist. Meilenstein des Pop.

Platz 1

Brigitte Hennrich

Die Fußballbraut, 1977

Schlager werden völlig zu Unrecht vom Feuilleton zur leichten Muse gezählt. Mehr Tiefe geht nicht. Nie war Stuttgarter Blues näher an seinen Wurzeln: „Der Ohlicher, der Kapitän, den find' ich noch schöner als den Schön. Der Helmut Roleder im Tor, der kommt mir wie Adonis vor." Nach Jahrzehnten kreativer Auseinandersetzung gilt die Künstlerin noch immer als Geheimtipp (im Filstal). Brigitte Hennrich, die schwäbische Nachtigall, singt nicht nur. Sie hat sich zur Aufgabe gemacht, die Entstehung der Lieder zu hinterfragen. Trotz überschaubarem kommerziellem Erfolg hat sie sich nie verbogen. „Der Harald Beck war so ein Mann, der zieht mich unwahrscheinlich an." Hennrich bleibt sich treu, aber ihre Liebe bleibt unerfüllt: „Bei mir beißt einfach keiner an, ja nicht einmal der Sundermann." Tiefe Empfindungen sind das Material, aus dem ihre Lieder gemacht sind. Es gibt wenige schwäbische Interpretinnen, bei denen sich Sprache und Rhythmus harmonischer ineinander schmiegen.

Weiß-Rote Zahlenspiele

13

Elfmeter verwandelt der VfB, um 1997 den DFB-Pokal zu gewinnen. Im Elfmeterschießen werden Fortuna Köln, Hertha BSC und der SC Freiburg bezwungen.

30

Minuten braucht Michael Nushöhr, um das 2:0, das 3:0 und das 4:0 per Elfmeter zu machen. Endstand: VfB – Hannover 96 7:0 (am 8. Februar 1986)

5

Tore erzielt Jürgen Klinsmann beim 7:0-Sieg in Düsseldorf. Der einzige Fünferpack der Liga, der auswärts erzielt wurde.

460

Spiele im VfB-Trikot für Legende Herrmann Ohlicher. Helmut Roleder und Karl Allgöwer machen den exklusiven VfB-400er-Club komplett.

885

Spielminuten bleibt Timo Hildebrand im Jahr 2003 ohne Gegentor. Noch zwei Jahrzehnte später Bundesligarekord.

130

Meter tiefer gelegt wird das Spielfeld im Neckarstadion bei der Renovierung im Jahr 2009.

4.

Platz ist die beste Platzierung des VfB in der ewigen Bundesligatabelle (erreicht nach der Saison 2003/04). Tiefstand ist Platz 11 (nach 1975/76).

4

Stunden ist der VfB Meistercorso 2007 unterwegs, um 4,9 km vom Stadion zum Schlossplatz zurückzulegen.

2.409

Kilometer war die bislang weiteste Entfernung bei einer Europacup-Auswärtsreise (IB Vestmannaeyjar, 1998).

9

Minuten spielt Jovica Simanić für den VfB. Außer dem speziellen Spiel in Leeds, bei dem er als vierter Ausländer eingewechselt wurde, absolvierte er kein weiteres Spiel.

103.000

Zuschauer waren 1950 im Neckarstadion beim ersten Länderspiel nach dem Krieg gegen die Schweiz.

Meister wirst Du auswärts

1984: Werder Bremen – VfB Stuttgart 1:2

Seit dem Aufstieg 1977 zerschießt der VfB die Liga. Dann kommt Trainer Benthaus. Reichert, Allgöwer, Sigurvinsson und Co. machen 80 Buden. Aber sie kassieren auch 47. Der Trainer weiß, was zu tun ist: In der nächsten Saison hinten dicht machen. Roleder steht im Tor. Davor räumen Günther Schäfer, Kurt Niedermayer und die Förster-Brüder den Laden auf. Im Mittelfeld kommt Jungspund Buchwald neu dazu. Herrmann Ohlicher und Ásgeir Sigurvinsson erledigen den Rest. Wenn vorne nichts geht, haut Wasen-Karle von hinten drauf. Im vorletzten Spiel muss der VfB in Bremen ran. Jetzt ein Sieg – und der VfB wäre praktisch Meister. In der ersten Halbzeit läuft wenig zusammen, aber hinten bleibt es dicht. Zweite Halbzeit: Die VfB-Fans sprechen von einem hochverdienten 1:0 durch Sigurvinsson. Sonst sagt das niemand. 1:1 durch Möhlmann in der 72. Geht es doch noch schief? Nein, sagt Herrmann Ohlicher und schiebt ein. Nochmal hinten dicht machen und ab zum Feiern. Sogar Benthaus rechnet nicht damit, dass sein Team im letzten Saisonspiel 0:5 verliert. Auch dem Gegner HSV fehlt die Fantasie für fünf Tore. Meister wird der VfB auswärts. Euphorie on. Nur Benthaus bleibt cool. Er kennt das. Seine achte Meisterschaft in 15 Jahren. War doch klar, bei der Abwehr.

1992: Bayer Leverkusen – VfB Stuttgart 1:2

Kaum zu fassen. Du kannst Meister werden, aber im vorletzten Spieltag gegen Wattenscheid verzockst du fast alles. Nur 1:1. Gegen Wattenscheid! Die Lage ist eigentlich aussichtslos: Der VfB (2.) muss nach Leverkusen. Frankfurt (1.), zwei Punkte vorne, braucht beim sicheren Absteiger Rostock nur einen Punkt. Dortmund (3.), punktgleich mit dem VfB, muss nach Duisburg. Und was kommt dabei raus? Das spannendste Meisterfinale ever.

In der zweiten Halbzeit sieht Sammer rot. Dann eben mit zehn Mann. Günther Schäfer gehört in den Himmel gelobt. Dorthin hebt

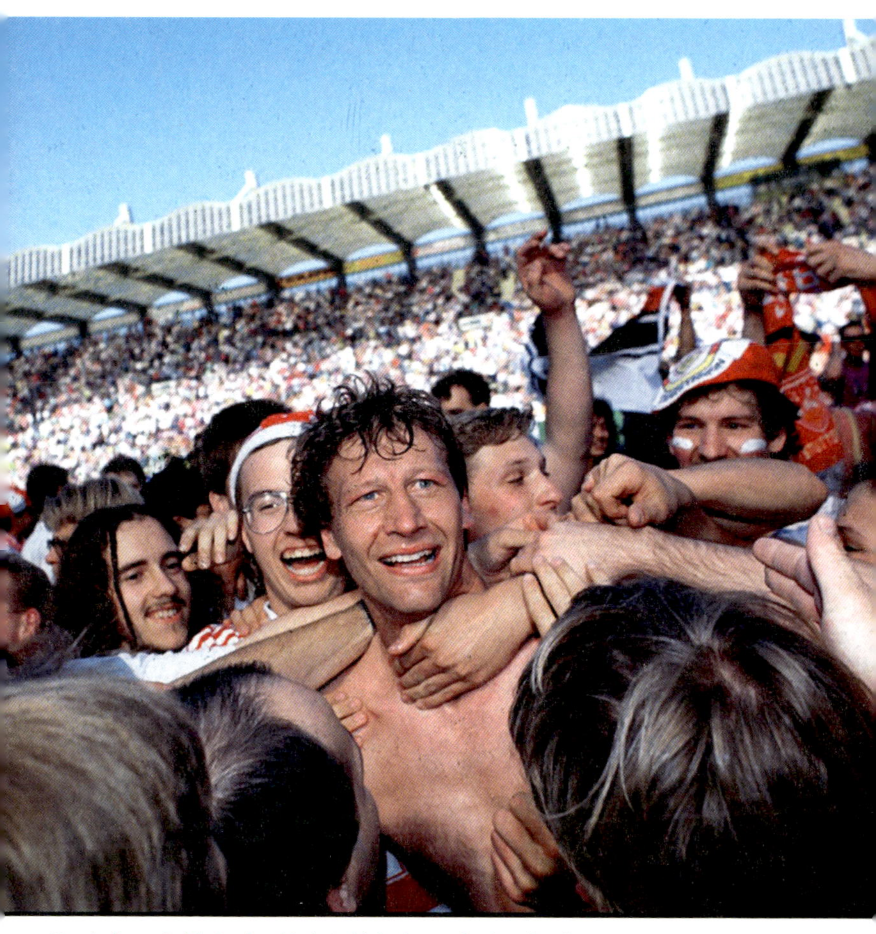

Matchwinner Guido Buchwald als Subjekt der Begierde, mit seinem Tor gegen Leverkusen sicherte er dem VfB die Meisterschaft.

er ab, um einen sicheren Thom-Treffer von der Linie zu schlagen. Eingesprungener Rückzieher. Sieht lebensgefährlich aus. Die Landung war es auch. Schäfer dreht sich um, weiter geht‘s. Trotzdem setzt kein Mensch einen Pfennig auf den VfB, der schon 0:1 hinten liegt. Eher verdient. Fritz Walter versenkt vor der Pause einen Elfer. 1:1. Immerhin. Resthoffnung.

Vier Minuten vor Schluss macht Buchwald die Kiste. Flanke Kögl. Schädel Buchwald. Eskalation! Aber mit Handbremse. Weil: Wenn Frankfurt in Rostock ausgleicht, ist die Schale wieder weg. Dann schreit einer: Tor in Rostock! Auf der Anzeigetafel erscheint: Rostock – Frankfurt 2:0. Dortmund ist wurscht. Meister wird der VfB auswärts. Platzsturm in Leverkusen. Nur Sammer weiß noch nichts von der Meisterschaft. Als Einziger in ganz Deutschland. Der steht noch ahnungslos unter der Dusche.

2007: VfL Bochum – VfB Stuttgart 2:3

Alles drin. In dieser Rückrunde kann jeder Meister werden: Schalke, Bremen oder Bayern. Aber der VfB? Eher unwahrscheinlich. Dann kommt die Siegesserie. Stuttgart gewinnt jedes Spiel seit Anfang März. Obwohl Mario Gómez ausfällt. Showdown am vorletzten Spieltag. Schalke hat einen Punkt Vorsprung. Bremen hat einen Punkt Rückstand. Schalke (1.) in Dortmund. Bremen (3.) gegen Frankfurt. VfB (2.) in Bochum.

Los geht es wie immer, wenn der VfB Meister werden will. 4. Minute: 1:0 Bochum. Hitzlsperger gleich aus. Aber Maltritz bringt Bochum wieder in Führung. Halbzeit. Weil Werder führt, ist der VfB im Moment Dritter. Aber Bremen vergeigt die zweite Hälfte. Nur Stuttgart und Schalke sind noch im Rennen.

Trainer Armin Veh geht all-in. Er bringt zwei Offensive, Gómez und Da Silva. Gómez hat nicht vergessen, wo das Tor steht. Erste Ballberührung 2:2. Dann Cacau zum 2:3. Wer in Bochum sitzt, schaut mit einem Auge aufs Spielfeld, mit dem anderen zur Anzeigetafel. 84. Minute: Großchance Bochum. Kein Tor. 85. Minute: Die Tafel meldet „Dortmund – Schalke 2:0“. 87. Spielminute: Bochums Dabrowski hat aus drei Metern das leere Tor vor sich. Ein leeres Scheunentor, die Kiste ist drin. Oder doch nicht? Aus dem Nichts taucht Hildebrand auf. Wenn du das ohne Herzkasper überlebst, kann dir nichts mehr passieren. Stuttgart ist Tabellenführer. Hat ja keiner im Ernst gedacht, dass Schalke Meister wird. Also bitte ... Meister wird der VfB auswärts. Fehlt nur noch der Heimsieg gegen Energie Cottbus. Hitz und Sami erledigen das.

Verwechselt

Qualifikation für die Gruppenphase der Champions League. Der Deutsche Meister VfB hat im September 1992 einen grandiosen 3:0-Hinspielsieg gegen Leeds zu verteidigen. Sollte unter dem großen Meistermagier Daum kein Problem sein. Als Andreas Buck den 1:1-Ausgleich erzielt, wirds still an der Elland Road. Damals war das Auswärtstor noch wichtig. „You can hear a pin drop", meinte der englische Kommentator. Aber der Roar kommt zurück. Mit dem 2:1 von Gary McAllister. Mit dem 3:1 von Éric Cantona. Und dem 4:1 von Lee Chapman. Schließlich ist aber der VfB weiter – dank der Auswärtstorregel. Stuttgart reißt die Arme hoch.

Während der Stuttgarter Block feiert, checkt Manager Dieter Hoeneß die UEFA-Regel mit den Nicht-EU-Ausländern. Er zählt durch: Jolly Sverisson, Slobodan Dubajić, Adrian Knup. Und – in der 83 Minute eingewechselt – Vertragsamateur Jovo Simanić. Nur drei sind erlaubt, vier also einer zu viel. Beim Rückflug feiert nur der hintere Teil des Fliegers. Dort sitzen die Fans. Vorne bei der offiziellen VfB-Delegation herrscht überschaubare Stimmung, eher in Richtung Verzweiflung. Hoffentlich merkt's keiner. Bitte an die Presse: erstmal nichts schreiben. Schließlich dauert die Einspruchsfrist 24 Stunden. Bei Sonnenaufgang ist längst klar, dass nicht nur Leeds, sondern ganz Europa von der Verwechslung weiß.

Die UEFA entscheidet: Der VfB verliert am grünen Tisch mit 0:3. Der Verband setzt ein Entscheidungsspiel an. Stuttgart bekommt den Frust nicht aus den Kleidern. Verliert schon wieder. Der Wechselfehler bleibt an Daum hängen. Die Öffentlichkeit degradiert ihn vom großen Magier zum großen Sprücheklopfer. Der VfB kann seine Meisterform nicht halten. Der Trainer wird ein Jahr später ausgewechselt. Ganz wie es die international geltende VfB-Regel vorgibt: Trainerwechsel während der Vorrunde.

Die rituelle Meister-Krise

Jedes Mal dasselbe. Nach 1984 wird der VfB Zehnter. Nach 1992 Siebter. Nach 2007 Sechster. Erst Meisterschaft, dann Krise. Warum eigentlich?

Theorie 1: Kein Glück

Nach 1984 verletzen sich acht von achtzehn VfB-Profis schon in der Vorrunde. Buchwald, Ohlicher, Niedermayer, Kempe und so weiter. In der Rückrunde fehlt Sigurvinsson. Nach 2007: Acht Verletzte in der Vorrunde. Nur nach 1992 bleibt die Mannschaft fit. Die Krise besorgt Daum im Alleingang. Kein Glück bei der Auswechslung.

Theorie 2: Kein Händchen

Hinterher weiß man alles besser, zum Beispiel, was die Neuzugänge betrifft. Nach 2007 kommen Bastürk, Ewerthon, Gledson, Ljuboja, Mandjeck und Marica. Eher keine VfB-Legenden. Ebenfalls Legenden-Fehlanzeige nach 1992: Golke, Knup und Strunz. Nochmal zum Mitschreiben: Strunz statt Sammer. Naja. Die glorreiche Ausnahme: Nach 1984 taucht ein gewisser Klinsmann auf. Legendenalarm. Trotzdem eine überschaubare Saison.

Theorie 3: Alles wieder normal

Alle drei Meisterschaften holt der VfB nur sehr knapp. Die Diagnose von Matthew Benham ist skandalös, aber man sollte sie kennen. Benham ist Milliardär geworden – mit Sportwetten und mathematischen Prognosemethoden. Benham behauptet: Die Tabelle lügt! Mitunter sogar am Ende der Saison. Benham sagt: Laut seinen Spieldaten wird 2007 die viertbeste Mannschaft Deutscher Meister. Er meint den VfB. Frechheit. Ziemlicher Klugscheißer, dieser Benham. Was weiß der schon? Theorie 3 wird verworfen.

Video kills the football star

Innovatives Scouting

Neu-Trainer Winnie Schäfer will unbedingt den Torjäger Saša Marković. Dem Verein für Bewegtbilder liegen erstaunliche Szenen vor. Hauptdarsteller, Schnitt und Regie: Original Marković. Laut vorliegendem Video-Material ein Wunderstürmer. Hinterher sind sich nicht mehr alle sicher, ob alle Tore vom Serben stammen. Der „neue Overmars" (Schäfer) wird nach einer Saison und einem Tor wieder verkauft. Ein Jahr zuvor wurde Mitko Stojkovski ebenfalls verpflichtet, ohne dass man ein Spiel in echt gesehen hatte. Markovic floppt auch. Aber für stattliche 3,5 Mio.

Der erste Videobeweis der Liga

Dieses Videozeugs bringt kein Glück. Auch die Premiere für den Videobeweis – rund zehn Jahre, bevor er erfunden wurde – geht auf Kosten des VfB. An sich eine völlig harmlose Szene, beim Auswärtsspiel in Leverkusen. Schiri Franz-Xaver Wack entscheidet am 27. Februar 2005 auf Abstoß. Nach Hinweis von Robson Ponte schielt der Schiri auf das große Videoboard. Dort sieht er die Wiederholung der Szene. Wack korrigiert sich. Statt Abstoß für VfB gibt es Eckball für Leverkusen. Hinterher dementiert der DFB den „Videobeweis". Schiri-Obmann Krug behauptet, dass der Linienrichter einen Signalknopf gedrückt hätte.

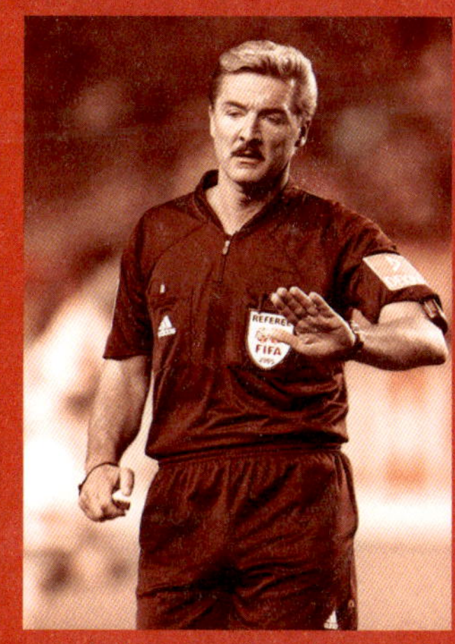

Auf die Videowand geschielt: Schiri Franz-Xaver Wack

Brasilianische Affären

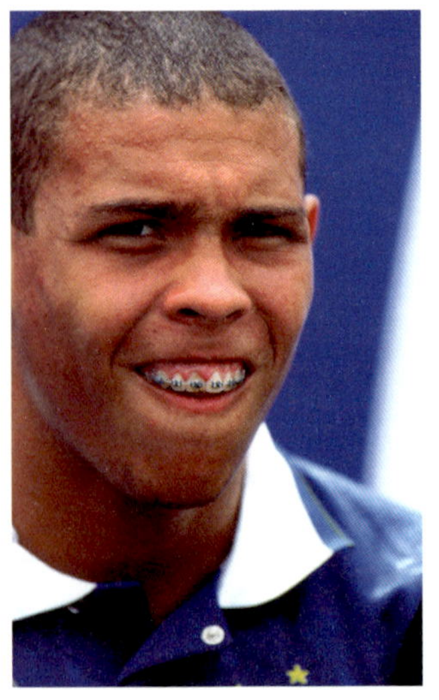

Zu riskant: Ronaldo

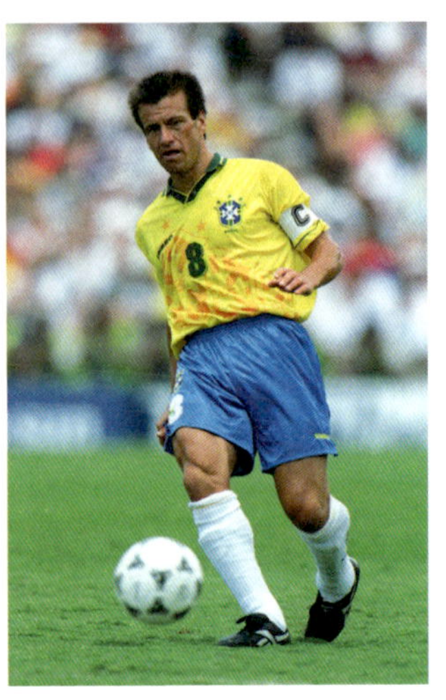

Der „Deutsche“: Dunga

Ronaldo

A-Jugendtrainer Rangnick auf Tour. Reiseziel Ronaldo. Rangnick schaut beim Schusstraining zu. Der junge Ronaldo nagelt acht von zehn in den Knick. Mit links dieselbe Quote. Rangnick telefoniert mit Dieter Hoeneß. Verpflichten bitte, unbedingt! Ronaldo findet das prima. Der erste europäische Klub, der sich für ihn interessiert. Ronaldo posiert mit einem VfB-Trikot. Rangnick hat ihn überzeugt. Nur den VfB nicht. Rund 4 Mio.? Zu teuer, zu riskant. Acht Jahre später ist der Junge von Cruzeiro Belo Horizonte der teuerste Spielertransfer ever.

Dunga

Im Jahr vor der WM 94 holt Stuttgart Carlos Dunga. Spitzname: „der Deutsche.“ Dunga spielt kein bisschen brasilianisch. Effektiv statt verspielt. Wumms statt Finesse. Irgendwie der Nachfolger von Allgöwer. Wasen-Carlos ist der erste und bislang einzige Stuttgarter, der als Mannschaftskapitän Weltmeister wird.

Didi

Sommer 1999. Manager Karl-Heinz Förster und Trainer Ralf Rangnick entdecken einen Wunder-Brasilianer. Eine Leihe wird empfohlen. Geschäftsführer Schäfer hört aber nicht richtig zu und verpflichtet ihn fix: Ablöse: 3,5 Mio. Nach der Unterschrift spürt Didi Knie. Der Medizincheck bleibt ohne Ergebnis. Die Probleme bleiben nach den ersten Spielen. Jetzt wird genau geschaut: Das Kreuzband ist zwar vorhanden, aber in zwei Teilen, der Innenmeniskus kaum noch. Eigentlich ist Didi Invalide. „Ich bin nie operiert worden," sagt er. Es ist leider die Wahrheit. Der VfB klagt und scheitert krachend. 3,5 Mio. futsch.

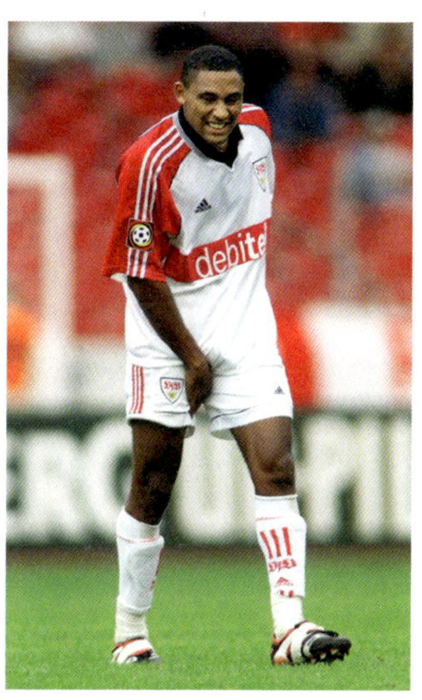

Dauerverletzt: Didi

Élber

Dem kannst du nichts krummnehmen, nicht mal einen Wechsel zu Bayern. Kannst du zwar versuchen, aber kommt er dir mit seinem schweizerdeutsch-brasilianischen Akzent und du musst ihn sofort wieder ins Herz schließen. Außerdem: Teil des magischen Dreiecks. Giovane gehört in jede VfB-Legendenelf.

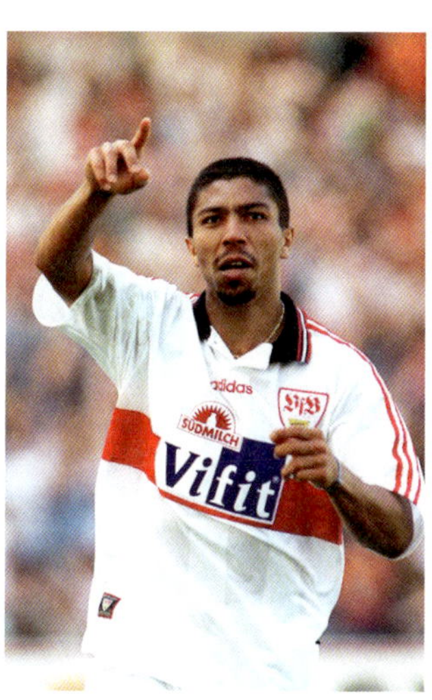

Teil des „Magischen Dreiecks": Élber

Vorderlader mit Dornfelder

Wahre Größe misst sich in der Anzahl von Spitznamen. In der Bundesliga absolut unerreicht: MV, der legendäre VfB-Präsident.

Gerhard Mayer-Vorstopper ist ein Vierteljahrhundert VfB-Präsident. Heute würde man sagen: Der Politiker bringt sein Netzwerk ein. Unter ihm wird der VfB zweimal Meister. MV weiß, wie man Beziehungen pflegt. Er initiiert zum Beispiel den VfB-Freundeskreis. Die ersten Zusammenkünfte sollen alle nahtlos übergangen sein in feinste Trinkgelage. Einer muss ja vorangehen.

Gerhard Mayer-Vorgestern fordert als Kultusminister Baden-Württembergs noch in den Achtzigern, dass Schüler vor Beginn des Unterrichts alle drei Strophen des Deutschlandliedes darbieten sollen, also inklusive Deutschland über alles in der Welt.

Gerhard Mayer-Vorderlader ist mit Selbstbewusstsein und Machtinstinkt gesegnet. Junge Fans verzichten im Sportunterricht schon mal aufs VfB-Trikot, weil das Lehrpersonal genervt ist von MV. Der geborene Badener ist ihr oberster Dienstherr.

Gerhard Mayer-Dornfelder weiß, dass sein Leben zu kurz ist für billigen Wein. Er bleibt hart in der Sache, aber gesellig mit seinen Gegnern. Der Kirchgang am Sonntagmorgen muss sein. Den gottesfürchtigen MV stört es wenig, wenn er lauter schnarcht, als der Pfarrer predigt.

Gerhard Mayer-Vorlaut hinterlässt dem VfB 30 Mio. DM Schulden und einen Luxusvertrag für Krassimir Balakow. Unvergessen sein später Move, die KSC-Ikone Winnie Schäfer zu holen und dafür Trainer Jogi Löw zu feuern. Kurz vor seinem Rücktritt will er gar Paul Breitner als Manager zum VfB holen. Der Alte fantasiert schon.

Grand Theft Auto

Manche Profis wechseln ihre Autos wie Jeans. Neue Raketen auf dem Parkplatz steigern das Prestige. Doch die Flotte der Stuttgarter Profis leidet unter rätselhaften Abgängen. Arie Haan meldet seine Karre als gestohlen. Auch der Wagen von Matthias Sammer macht einen Abgang. Thomas Strunz wird das Auto im Januar 1993 geklaut. „Das ist ja schon der dritte Fall beim VfB", wundert sich die Versicherungsangestellte.

Die ganze Geschichte hat das Nachrichtenmagazin Der Spiegel protokolliert. Bei der Veröffentlichung spielt Hauptdarsteller Maurizio Gaudino längst woanders, bei Club América in Mexico. In seiner goldenen VfB-Zeit gilt Gaudino als Auto-Experte. Es wird gemunkelt, er kenne echte Mafiosi. Der Stuttgarter Spielmacher ist in Mannheim aufgewachsen. Bißle Milieu und so, man pflegt die Jugendfreundschaften, gehört sich so. Die Verbindungen nutzt er, um seinen Sportskameraden zu helfen. Private Autovermittlung Gaudino. Geile Karre gehört zum guten Ton. Bald weiß keiner mehr, wer welchen Sportwagen fährt, erzählt VfB-Ersatztorhüter Eberhardt Trautner dem Spiegel. Auch als ein Physio des VfB seinen klapprigen Golf verkaufen will, hilft der Vermittler gerne. Der Mitarbeiter erhält 3000 Mark im Umschlag. Der Golf wird kurz darauf im Wald aufgefunden. Total ausgebrannt. Die Versicherung verweigert die Zahlung.

Am Ende der Geschichte erhält der Mini-Mafiosi 180.000 DM Geldbuße und eine legendäre Verhaftung gleich aus dem TV-Studio heraus – nach einem Auftritt bei Gottschalks RTL-Late-Night. Zu dem Zeitpunkt kickt Gaudino bei Eintracht Frankfurt. Nach seiner Übernachtung in der U-Haft wird der Automobilexperte zügig transferiert. Erst zu Manchester City, dann nach Mexico. Weit weg von Mannheimer Autodealern.

„Kommt Friehling, …

Reden wir nicht über den Herbst. Reden wir nicht über Abstieg. Der VfB kann Rückrunde. Einige Beispiele aus der jüngeren VfB-Geschichte.

Saison 2000/01: Abstiegsplatz nach der Vorrunde. Unter Felix Magath rettet Krassimir Balakow mit einem Gewaltschuss in der letzten Minute des letzten Spiels die Bundesliga. Klassenerhalt.
Saison 2009/10: Mickrige 16 Punkte holt der VfB im Herbst. Dann kommt Christian Gross. Am Ende wird der VfB souverän Sechster.
Saison 2010/11: Aber Gross kann auch keine Vorrunde. Eine Spielzeit später steckt der VfB schon wieder auf Platz 17. Manager Bobic holt im Dezember den „Mann der Zukunft“: Bruno Labbadia. Der visionäre Trainer schlägt ein. Ergebnisfußball hält die Klasse.
Saison 2013/14: Labbadia bleibt lang in Stuttgart. Der Bruch kommt früh in der Vorrunde. Thomas Schneider übernimmt. Trotzdem bewirbt sich Stuttgart für die zweite Liga. Ende Februar muss Huub Stevens ran. Hauptberuf: Feuerwehrmann. Klassenerhalt.
Saison 2014/15: Selbst Meistertrainer Armin Veh kann keine Vorrunde. Nach Spieltag 15 hat Stuttgart die rote Laterne. Einsatz Feuerwehrmann. Stevens wiederholt sein Kunststück. Klassenerhalt.
Saison 2017/18: Als Neuling krebst Stuttgart in der Abstiegszone rum. Trainer Hannes Wolf wird Ende Januar durch Tayfun Korkut ersetzt. Eine 1:0-Siegesserie beginnt. Sie führt fast bis in den Europacup, aber nur fast.
Saison 2021/22: Kaum zu glauben: Der VfB hält am Trainer Pellegrino Matarazzo fest. Trotz Platz 16 in der Vorrunde. Am letzten Spieltag in der 92. Minute erscheint die Rettung: Legendo Wataru Endō.

„..., kommt VfB“

Rückrunden-Phänomen VfB. Der passende Spruch stammt von VfB-Trainer Otto Barić. Rausgerockt im Jahr 1986. Noch vor Frühlingsanfang. „Kommt Friehling, kommt VfB“ – hat Barić wirklich recht? Eine knallharte Datenanalyse*

Barić hat recht! Legt man über alle Bundesligaspielzeiten die 3-Punkte-Regel, holt der VfB in der Vorrunde 1,48 Punkte pro Spiel. In der Rückrunde sind es mehr: 1,51 Punkte pro Spiel.
Barić hat noch viel rechter! Barić sagt ja nicht „Rückrunde“, sondern „Friehling“ Also nochmal rechnen. Der meteorologische Frühling beginnt am 1. März. Alle Achtung! Zwischen 1. März und Saisonende beträgt der Schnitt pro Spiel stolze 1,54 Punkte. Also nochmal besser.
Barić muss ein Prophet sein! Zu dem Zeitpunkt, als Barić seine „Friehlingstheorie“ aufgestellt hat, ist sie falsch. Betrachtet man die Spielzeiten vor seinem Amtsantritt beträgt der Punktschnitt ab Frühling genau 1,5. In den bis dahin gespielten Vorrunden ist der Schnitt besser als im Frühling (3-Punkte-Regel zugrunde gelegt).
Summery: Der Spruch ist eine Ankündigung. Eine große Prophezeiung. Ein paar Tage danach wird Barić gefeuert. Willi Entenmann holt in einem typischen VfB-Frühling 11 Siege aus 14 Spielen. Alles, wie Barić gesagt hatte ...

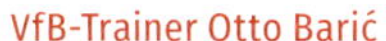

VfB-Trainer Otto Barić

Datenbasis: Alle VfB-Spiele der Bundesliga und der zweiten Liga vom Bundesligastart 1963 bis Ende der Spielzeit 2021/22

Italienische Affären

AC Turin

Das härteste Auswärtsspiel aller Zeiten. 1979 fährt Stuttgart mit einem 1:0 nach Turin. Hölle! Im Spiel wirds brutal. Der VfB wankt – und geht unter. In der Verlängerung fällt das 2:0 für Turin. Der VfB scheint weg vom Fenster. Bis Hermann Ohlicher in der 120. Minute das 2:1 macht. Stuttgart ist weiter. Die Hölle brennt, im Innenraum fliegen Steine, Stangen und Bolzen. Der VfB schließt sich mehr als eine Stunde in der Kabine ein.

Calcio di Rigore

In seiner Inter-Phase kümmert sich Hansi Müller rührend um die schwäbisch-italienische Harmonie. Mit lakonischem Sprechgesang und angeborenem Gefühl für Rhythmus setzt er in der leichten Muse neue Akzente: schwäbische. Wir Deutschen kennen Howard Carpendale, Gitte Hænning und Roger Whitaker. Allesamt Interpreten des gepflegten Akzents. Hansi Müller-Carpendale bringt die Vibes aus Stuttgart-Rot nach Mailand. Orchestro Spettacolo Raoul Casadei. Die Single „Calcio di Rigore“. Der Elfmeter und die Liebe. Amore! Grande Hansi Müller.

Giovanni Trapattoni

Nach acht Meistertiteln, diversen Pokalen und Europapokalen fühlt sich Trap reif für den VfB. Der Meister des zweckorientierten Ergebnisfußballs weckt Hoffnungen. Doch es mangelt an Zweckerreichung und Ergebnissen. Nebenbei wirbt er für Maultaschen. Doch vor der zweiten Kampagnenwelle müssen die Werbeplakate über Nacht geändert werden. Trap wird entlassen. Er hat „schneller fertig als gedacht“. Via Plakat teilt er mit, dass er die Maultaschen nach Italien mitnimmt.

Mauro Camoranesi

Am letzten Tag des Transferfensters 2010 gelingt dem neuen

Sportdirektor Bobic ein Coup. Er holt einen waschechten Weltmeister. Camoranesi hält es keine fünf Monate aus. Und der VfB nicht mit ihm. Ein leuchtender Eintrag auf der langen Liste der Transferenttäuschungen von Adhemar bis Zivković.

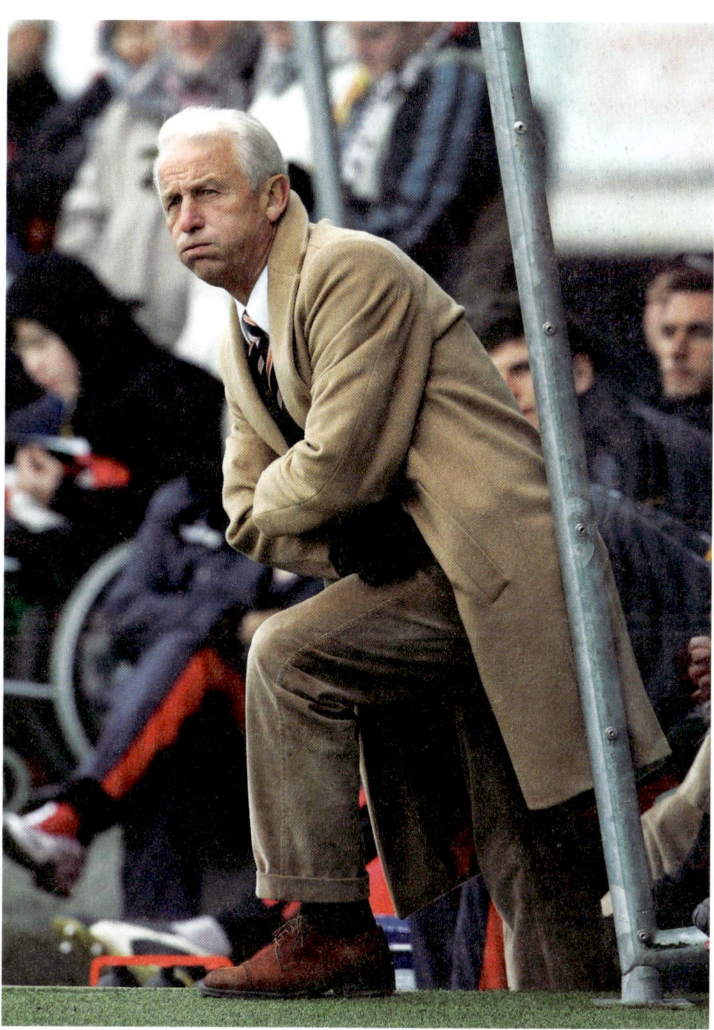

Nichts als Maultaschen: Giovanni Trapattoni

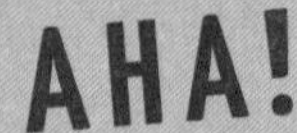

Die jungen Wilden

Stunde 0

Hinterher sind alle schlauer. 1.700 VfB-Fans sind es schon vorher. Mehr sind nicht da beim ersten Jahrhundertspiel des VfB nach dem Millennium. Die anderen Fans haben für ihre Abwesenheit eine ernstzunehmende Entschuldigung. Sie sind abgelenkt durch Team VfB I (Profi-Auswahl), das sich zeitgleich in Wuppertal durch die erste Pokalrunde schummelt. Für denselben Wettbewerb ist auch Team VfB II (Nachwuchs-Auswahl) qualifiziert – als Sieger des Württembergischen Landespokals. 6:1 rennt die sogenannte zweite Mannschaft die Frankfurter Eintracht über den Haufen. In Worten: Sechs zu Eins. Die größte Pokal-Sensation seit der Gründung des DFB.

Es ist offensichtlich: Nicht dem VfB I mit Kuka, Ganea und Hosny gehört die Zukunft, sondern dem VfB II mit Hinkel, Hleb und Amanatidis. Sogar Felix Magath und Horst Heldt sind Zeugen der Pokalsensation. Heldt beobachtet die neue Generation aus nächster Nähe. Ihm fliegen die Bälle nur so um die Ohren, im Dress von Eintracht Frankfurt. Auch Magath genießt beste Sicht: als Trainer eines Bundesligisten, der sich für die Ewigkeit blamiert.

Die Geschichte des Spiels ist schnell erzählt. Die Zweite schießt Frankfurt ab – nach allen Regeln der Kunst. Tore durch Vaccaro, Schmiedel, zweimal Vujevic und zweimal Amanatidis. Frankfurt hat keine Chance. Auch nicht nach dem 2:1 durch Fjörtoft. Die Eintracht spielt mit zehn Mann fertig – nach Notbremse an Alex Hleb.

Dennoch hat der VfB an diesem Wochenende einmal Pech. Für die zweite Runde wird VfB II gegen VfB I gelost. Die angehenden jungen Wilden verlieren gegen die Wuppertal-Bezwinger mit 0:3. Hier muss man fast sagen: eine überraschende Niederlage.

Stunde 1

Ausbildungsverein? Talentschmiede? Senkrechtstarter? Hört sich alles gut an. Reicht aber nicht. Nicht plakativ genug. Bühne frei für die Jungen Wilden. Wer hat es erfunden? Vermutlich die Medien. Das VfB-Marketing war es gewiss nicht. Und plötzlich im Jahr 2002 hat der VfB ein super-junges Team und obendrein eine Identität, die er behalten will: jung und wild.

Jung und wild ist das, mit dem keiner rechnet. 2003 stürmt der VfB in die Champions League. Jung und wild sind Kevin Kurányi, Aliaksandr Hleb, Timo Wenzel, Timo Hildebrand, Andreas Hinkel. Alles Eigengewächse. Die Routiniers Zvonimir Soldo und Marcelo Bordon halten den Laden zusammen. Im Hintergrund rührt Felix Magath gelassen in seiner Tasse Tee. Magath trainiert die Mannschaft der Stunde. Vize-Meister 2002/03, qualifiziert für die Champions League.

Im Sommer kommen Imre Szabics, Cacau und unbedeutender Leihspieler namens Philipp Lahm dazu. Im Herbst hauen die Jungen Wilden Manchester United mit 2:1 aus dem Stadion. Kollektive Ekstase. Die Jungen Wilden sind ein großes Versprechen. Aber der Durchbruch ... ach. Jung und Wild holt keinen Titel oder Cupsieg, den man später auf dem Briefkopf druckt. Was bleibt, ist ein Spirit, ein Etikett für die Ewigkeit und ein VfB, der zu seinen Wurzeln gefunden hat. Der Mythos „Junge Wilde“ bleibt, er wird stets dann zitiert, wenn eine alte zahnlose VfB-Mannschaft gegen den Abstieg spielt. Dann träumt ganz Stuttgart davon, sich mit dem eigenen Nachwuchs in die Champions League zu spielen. Aber das gelingt nur einmal: in diesem sagenhaften Jahr 2003. Die „Jungen Wilden“ bleiben ein Mythos für die Ewigkeit. Nur original mit dem Brustring.

Helmut

Der VfB gegeigt den Saisonauftakt 2006/07. 0:3 gegen Nürnberg. Auch das zweite Spiel in Bielefeld ist eher mittelmäßig. Auf der Alm führt der VfB zweimal – und fängt sich zweimal den Ausgleich. Nach zwei roten Karten steht Stuttgart nur noch zu Neunt auf dem Platz. Also gefälligst Ball halten, wer kann. Sonst geht das auch noch schief. 82. Minute: In der Mitte der gegnerischen Hälfte läuft Cacau quer zum Tor. Der wird doch nicht? Und wie! Er prügelt den Ball aus mehr als 30 Metern ins Dreieck. Knochentrocken. Der VfB bringt die Führung über die Zeit.

Brasilianer? Mag sein, dass Cacau woanders geboren wurde. Aber Cacau ist Schwabe. Scho emmer. In der Tiefe seiner Seele ist er von Geburt der Helmut von nebenan, aus Korb im Remstal. Denn bei Cacau gibt es keine zwei Meinungen: Sympathischer als Cacau geht nicht. Darum wird er umgehend und komplett schwabisiert. Freiwillig und mit Begeisterung übrigens. Zur Vollständigkeit bekommt Claudemir Jeronimo Barreto neben seinem brasilianischen Künstlernamen auch einen deutschen: Helmut. Getauft von Ludovic Magnin. Bald spielt Helmut in der Nationalmannschaft. Dabei war seine Profi-Karriere in Brasilien eigentlich schon vorbei. Die Fußballschule von Palmeiras hält ihn für untalentiert. Er kommt mit einer Samba-Band nach Deutschland. Jetzt findet er zu seiner wahren Persönlichkeit: als schwäbische Ikone.

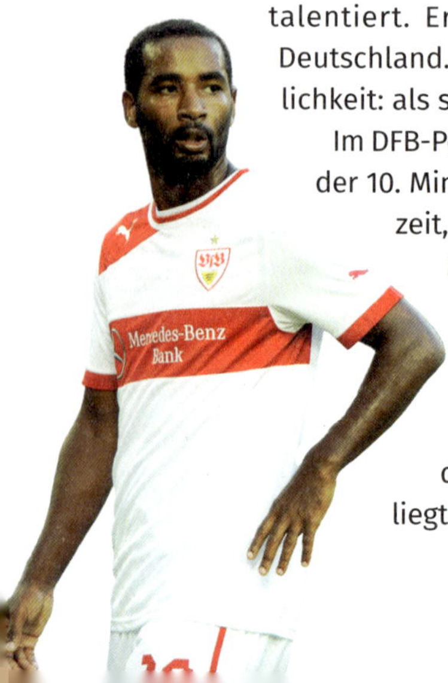

Im DFB-Pokalfinale derselben Saison trifft Helmut in der 10. Minute. Gegner ist Nürnberg. Es ist die Spielzeit, bei der beim VfB alles aufgeht. Inklusive Meisterschaft. Alles, alles, aber auch alles ... außer Nürnberg. Cacau sieht in der 31. Minute Rot. Schiri Michael Weiner gilt als mieseste Pfeife seiner Epoche. Mit zehn Mann gegen zwölf verfehlt Stuttgart den Cup. Und damit das Double. An Helmut liegt es nicht. Helmut ist sowas von heilig.

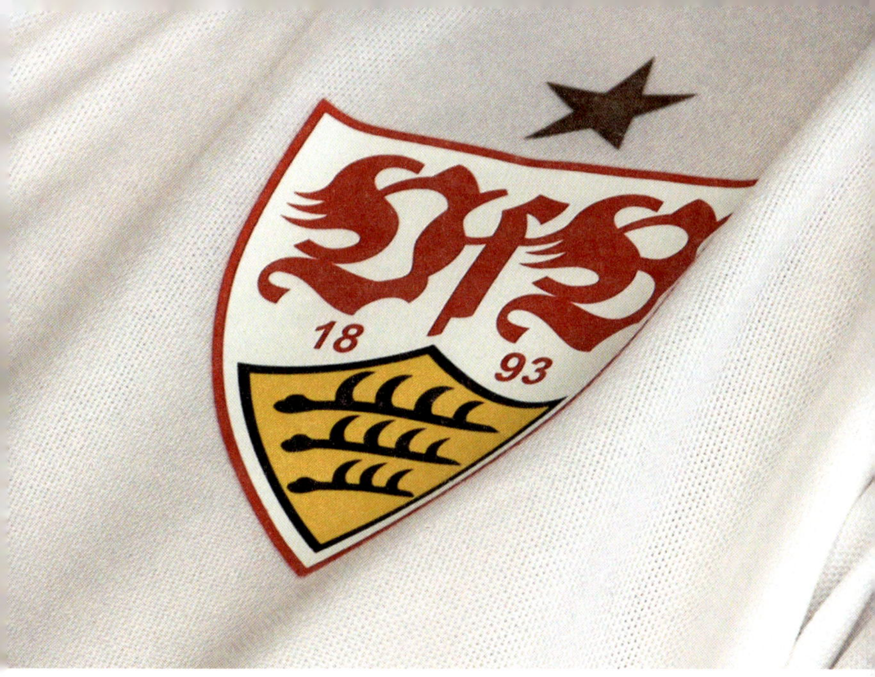

Der Stern des Südens

Entgegen anderslautenden Liedern aus fremden Regionen gibt es nur einen Stern des Südens. Damit ist nicht der Stern gemeint, der sich über dem Hauptbahnhof dreht oder in der Nachbarschaft des Neckarstadions auf dem Dach thront. Der wundervollste Stern strahlt seit einer euphorischen Sommernacht im Jahr 2007 über dem Wappen des schönsten Trikots der Welt.

Was bedeutet er eigentlich? Nur mehrfache Deutsche Meister dürfen ihn tragen. Die DFL verleiht ihn. Aber nicht für mindestens fünf Meisterschaften, wie es nur in Stuttgart oft vermutet wird. Drei Meisterschaften reichen. Aber Bundesligameisterschaften müssen es sein. Sonst hätte ja Schalke … aber lassen wir das. Im Fall des VfB Stuttgart fallen in die amtliche Sternenzählung: 1984, 1992 und 2007. In § 28 der DFL-Lizensierungsordnung ist alles penibel geregelt. Demnach dürfen die Sterne in einer Höhe und Breite zwischen 20 und 22 Millimetern abgebildet werden. Der zweite Stern wird bei der fünften Bundesligameisterschaft fällig …

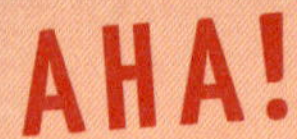

Der vergessene Europacup

Seit langem überbieten sich die internationalen Verbände UEFA und FIFA beim Ausdenken überflüssiger Wettbewerbe. Supercups, Vereinsweltmeisterschaften und Nations League braucht kein Mensch. Im Grunde sind es unliebsame Enkel eines Wettbewerbes aus den frühen Sechzigern. Damals ist man noch ehrlich. Als der International Football Cup eingeführt wird, geschieht das hochoffiziell, um den Wettanbietern das Sommerloch auf ihren Wettscheinen zu stopfen. Es geht also ausdrücklich nicht ums Renommee, sondern nur ums Geld. Der Name des Cups ändert sich in den nächsten Jahrzehnten so oft wie sein Modus. Bekannt ist er, wenn überhaupt, als Intertoto- oder UI-Cup.

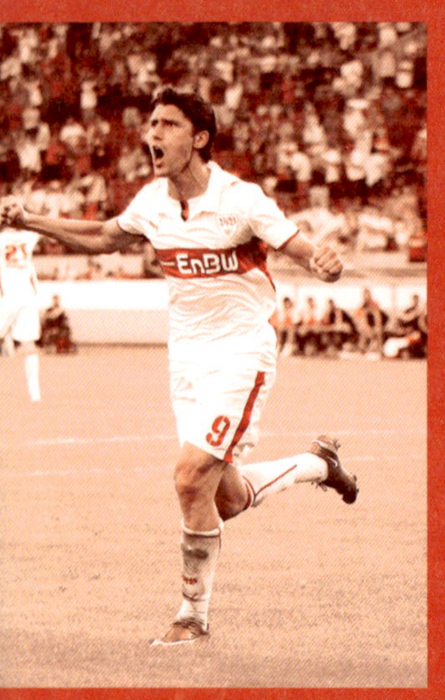

Historischer Jubel: Ciprian Marica nach dem 3:0 gegen Saturn Ramenskoje

Der Wettbewerb bleibt selten unbeliebt. Die Spiele stören die Saisonvorbereitung. UI-Cup gilt als Handicap für die Liga-Performance. Als der VfB im Jahr 2000 im UI-Cup antritt, springt ein legendärer Alltime-Minusrekord raus. Niemals nach dem Zweiten Weltkrieg kommen weniger Zuschauer als die 1.075 beim 4:1-Heimsieg gegen Xamax Neuchâtel. Das Neckarstadion wird mal wieder renoviert und es ist womöglich keine gute Idee, das Spiel ins … Ding-Stadion … also weit hinter Pforzheim zu verlegen.

Im Jahr 2008 wird der Wettbewerb das letzte Mal gespielt. Im allerletzten Spiel knipst Ciprian Marica das Licht aus. Das 3:0 im Heimspiel gegen Saturn Ramenskoje ist das letzte Tor in fast fünfzig Jahren ambitionierter Sommerlochüberbrückung.

Richtiger Ort. Falscher Zeitpunkt

Es gibt diese Zufälle. Alle Vorzeichen stehen auf Mega-Transfer. Viel Geld investiert. Fachleute begeistert. Aber irgendwas passt nicht. Am Verein kann es nicht liegen. Das Jahrhundert-Team der unerfüllten Hoffnungen.

Tor

Raphael Schäfer. Kommt mit besten Empfehlungen 2007 zum Deutschen Meister VfB. Aber schon in der Vorbereitung wird es komisch. Die neuen Bälle flattern immer dann, wenn sie auf Schäfers Kiste fliegen. Selbst wenn sie von der Seite kommen, irrt Schäfer umher. Es bleibt bei einer Saison im Brustring.

Hinten

Philipp Degen. Christian Gross kennt den Schweizer Nati-Verteidiger vom FC Basel. Der VfB leiht Degen vom FC Liverpool aus. Soll Dampf machen über rechts. Kommt aber nur heiße Luft raus. Immerhin neun Spiele. Später wieder zurück zum FC Basel.

Khalid Boulahrouz. Bleibt drei Jahre in Stuttgart. Hat einen gut dotierten Vertrag. Der ist notwendig, unter anderem für seine Frau Sabia Boulahrouz, die hochbegabte Spielerfrau, die so schön tanzt und moderiert. Kaum ist der Vertrag erfüllt, trennt sich das Paar. Sabia schnappt sich Rafael van der Vaart, den Ex-Mann ihrer besten Freundin Sylvie Meis.

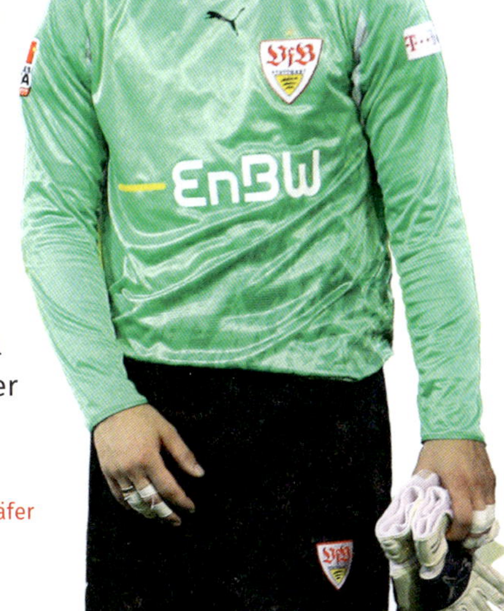

Raphael Schäfer

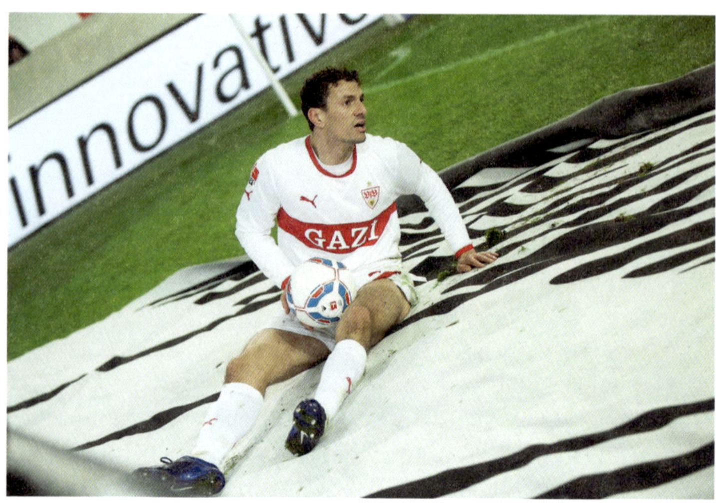

Khalid Boulahrouz

Toni Šunjić. Wechselt 2015 von Krasnodar nach Stuttgart. Erstes Spiel, erstes Tor. Super Transferschnäppchen. Danach geht es bergab. Auch mit dem VfB. In der zweiten Liga nur noch zehn Einsätze. Weiter zu US Palermo, Dinamo Moskau, Beijing Guoan und Henan Songshan Longmen.

Thorsten Kracht. Kommt 1994 vom VfB Leipzig. Und hat sofort Heimweh. Nur eine Vorrunde im Brustring. „Die Leipziger Luft bekommt mir halt besser“ sagt er und atmet danach jahrelang feinste Pottluft beim VfL Bochum.

Mitte

Hans-Jürgen Wittfoth. Kommt als große Hoffnung 1969 aus Lübeck. Muss aber erst zur Bundeswehr. Spielt im Oktober fünf Spiele neben Gilbert Gress. Danach sitzt er auf der Ersatzbank. Unter Neu-Trainer Zebec keine so große Hoffnung mehr. Geht zurück nach Lübeck.

Timo Gebhardt. Eines der größten Talente im deutschen Fußball – sagt Manager Horst Heldt. Gebhardt kommt 2008 nach Stuttgart. Verlässt Stuttgart 2011. Als ewiges Talent.

Yildiray Baştürk. Spielt mit Leverkusen im Finale der Champions League. Dann Regisseur bei Hertha BSC. Beim VfB ab 2007 dauerverletzt. Oder neben der Spur. Wechselt zu den Blackburn Rovers. Nach einem Einsatz Karriereende.

Alexander Farnerud. Der schwedische Nationalspieler wird 2006 nach Stuttgart geholt. Großer Spielmacher. Dirigiert aus dem Verborgenen – von der Ersatzbank oder der Tribüne aus. Später Ergänzungsspieler bei Brøndby IF, Young Boys Bern, AC Turin. Der Deutsche Meister von 2006 fällt 2021 durchs Probetraining der SG Sonnenhof Großaspach. Danach zum IFK Göteburg. Sein Bruder ist der Manager.

Vorne

Leo Bunk. Rakete! Kommt als Torschützenkönig der zweiten Liga von Blau-Weiß 90. Wechselt 1986 nach Stuttgart, damit er wieder zu Hause sein kann, in Zusamaltheim bei Augsburg. Fährt jeden Tag mit dem 190er-Diesel zum Wasen – und wieder zurück. Erstes Spiel, erstes Tor. Weitere 22 Spiele, kein Tor.

Jesper Grønkjær. Einziger gebürtiger Grönländer im Brustring. Wird von Atlético Madrid losgeeist. Macht in der Saison 2005/06 25 Spiele. Null Tore. Ziemlich blasse Vorstellung.

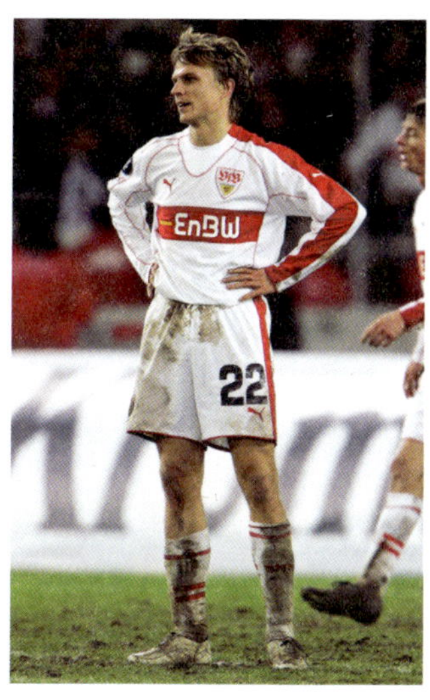

Jesper Grønkjær

Die hoffnungsvollen Ergänzungsspieler

Jon Dahl Tomasson. Der Superstar kommt 2005 vom AC Mailand. In Stuttgart auf der Position Chancentod eingesetzt. Wechselt unauffällig im Winter der Meistersaison 2006 nach Villareal. Hat gegen Super-Mario Gómez keine Chance.

Moritz Leitner. Als „Riesentalent" (Leitner über Leitner) 2013 zum VfB. In Dortmund kein Durchbruch. In Stuttgart auch nicht. Später Lazio, Augsburg, Norwich, Zürich. Immer noch kein Durchbruch. Aber selbstbewusst genug, das wegzustecken.

Dennis Aogo. In … Ding … geboren. Erste Amtshandlung des Managers Michael Reschke im Sommer 2017: Er befreit den Routinier aus der Vereinslosigkeit. Überzeugt beim VfB mit Aufzugsfotos in seltsamen Anzügen. Stets gemeinsam zu sehen mit seiner hochbegabten Frau Ina Aogo. Das Ehepaar wandert 2021 aus nach Dubai. Sehnsuchtsort fürs fortgeschrittene Aufzugsgewerbe.

Sebastién Fournier. Der Walliser kommt 1996 zusammen mit Zvonimir Soldo und Matthias Hagner, um das Mittelfeld zu verstärken. Von drei Neuzugängen überzeugen zwei. Elf angeknabberte Spiele, dann zurück in die Schweiz.

Florin Răducioiu. Der rumänische Nationalstürmer kommt 1997 als Ersatz für Giovane Élber ins Sturmzentrum. 24 Spiele (inklusive DFB-Pokal und Europapokal), vier Tore. Das Loch, das Élber hinterlässt, wird von Jonathan Akpoborie ausgefüllt. Răducioiu wechselt zu Brescia Calcio.

Pavel Pogrebnyak. Klaas-Jan Huntelaar, Demba Ba und Vagner Love sind erste Wahl als Ersatz für Mario Gómez im Sommer 2009. Präsentiert wird schließlich: Pavel Progrebnyak. Horst Hrubesch auf Russisch. Mehr Statur als Ballgefühl. Aber geschickter als Khalid Boulahrouz. Bringt seine talentierte Freundin (Begabung: Schlanksein) mit nach Stuttgart. Später glückliche Ehe.

Definition: Derby

Das nervt: Seit man Fußball mit künstlichem Ballyhoo und einer Extra-Portion Lametta vermarktet, wird jeder Kick zum Derby hochgejazzt, bei dem die Fans weniger als eine Tagesreise benötigen, um zum Auswärtsspiel zu kommen. Ein Derby ist aber nichts Beliebiges. Man beachte die Definition: Zum Derby gehören zwei Zutaten. Erstens regionaler Bezug, zweitens Tradition. Folgende Spiele sind kein Derby. Nicht heute und nicht in den nächsten hundert Jahren.

VfB gegen Bayern. München ist viel zu weit weg. Aus mehreren Aspekten eines Derbys unwürdig. Gern mal als „Süd-Gipfel" bezeichnet. Extrem gestelzte Formulierung.

VfB gegen Freiburg. Freiburg macht einen guten Job. Und was bitte sollen die Freiburger mit dem VfB zu tun haben?

VfB gegen Hoppverein. Lächerlichste Variante einer Derby-Anmaßung. Nee, ihr Millionärstöchter und -söhne. Nichts gegen Fußball auf dem Dorf. Aber bitte erstmal Tradition buchstabieren.

VfB gegen Augsburg. Gern als „Schwäbisches Derby" bezeichnet. Jedoch bar jeder Substanz. Wer hier von Derby spricht, will sich nur mit seinen außer-fußballerischen Erdkunde- oder Geschichtskenntnissen wichtigmachen.

Bei VfB gibt es genau zwei Derbys. Das Stuttgarter Derby gegen die Kickers (original seit 1912) und das Baden-Württembergische gegen ... dings (in der Variante Mühlburg gegen FV 1893 ebenfalls original seit 1912). Punkt.

Die schöne Seite der Schale

Die Meisterschale gibt es seit 1949. Erst 2007 entdeckt jemand, welches die schönere Seite ist. Die sensationelle Meisterschaft des VfB in der Saison 2006/07 erhält ihr ikonisches Bild.

Das Foto für die Geschichtsbücher zeigt den tadellosen VfB-Kapitän Fernando Meira. Zweifelsohne ein absoluter Ästhet. Also definitiv kein Versehen, dass er die Schale mit der Designer-Seite voraus präsentiert. Die von Edelsteinen und Gravuren überladene Seite nach hinten. Die schlichte, schöne Seite zum Betrachter gerichtet, oft fälschlicherweise als Rückseite herabqualifiziert. Wer in Meiras Kunstgriff Style und schwäbische Noblesse entdeckt, liegt völlig richtig.

Die formschöne Rückseite glänzt wie das Spiegelbild einer blitzsauberen Saison. Tatsächlich gewann der VfB 2007 den Titel ohne überflüssiges Ornament oder protzige Gesten. Eine wundervolle, schlichte Meisterschaft. Als Überraschungsteam gestartet, steigt der VfB auf zum verdienten Sieger. Ohne viele Gegentore, ohne Allüren, ohne Großmannssucht. Gefeiert mit einem Autocorso im Genusstempo. Vier Kilometer in vier Stunden – und einer Schlossplatzparty bis fünf Uhr morgens. Dabei euphorisch, aber stets geschmackssicher. Mit den Fantastischen Vier auf der Bühne, aber ohne überflüssigen Prunk. Und mit voller Leidenschaft für die Stadt, den Verein und diesen schönen, großen Sport.

Stilsicher auch im Jubel:
Fernando Meira

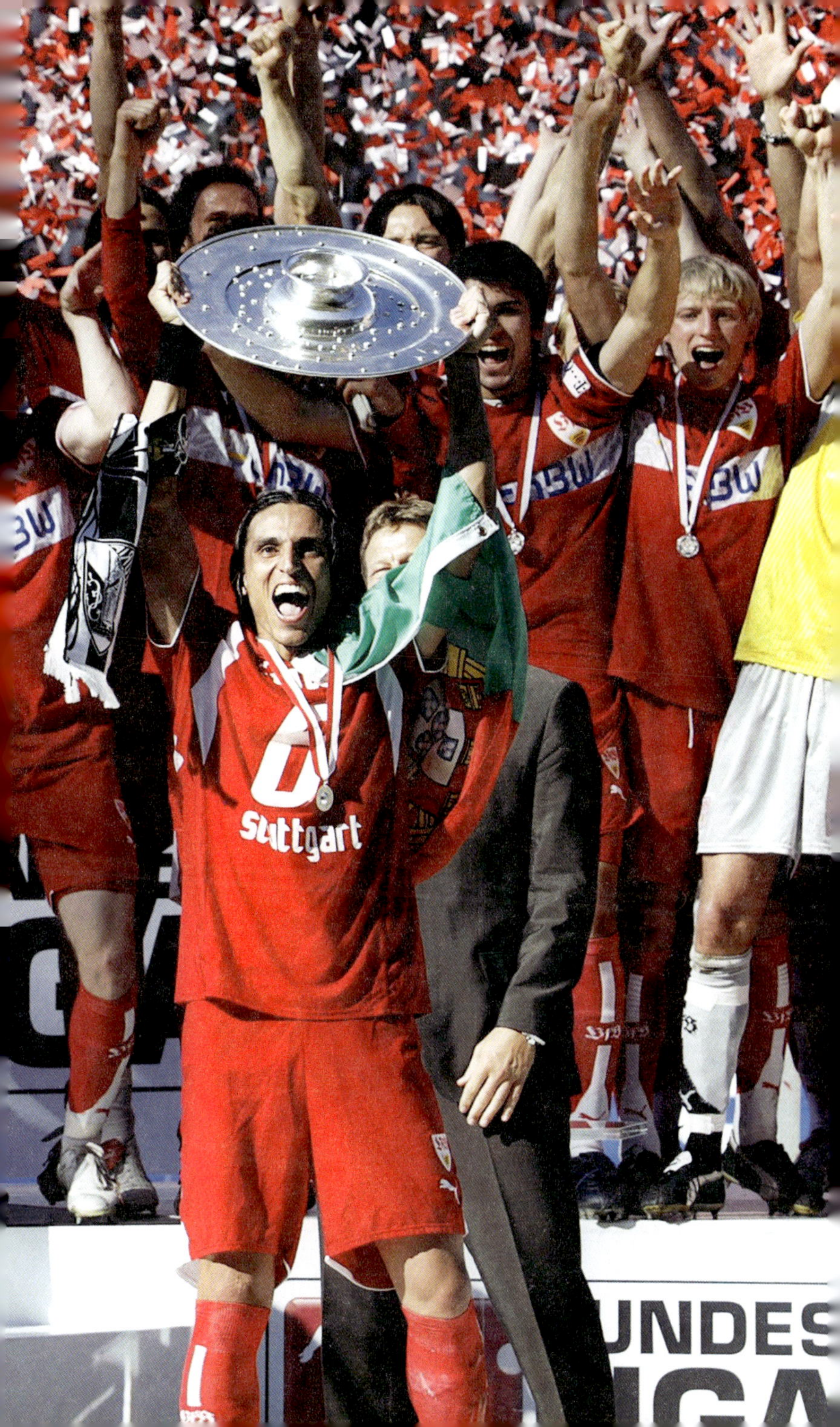
stuttgart

Die Helden der Sechs

Kein Zweifel: die Sechs wird in Stuttgart erfunden – und weiterentwickelt. Gemeint ist die zentrale Position im Mittelfeld, die das Spiel bestimmt. Früher eher aus dem Verborgenen. Heute treibt die Sechs das Spiel offen vor sich her. Nach hinten alles ablaufen, nach vorne alles auslösen. Die Sechs ist übrigens selbst dann eine Sechs, wenn sie eine Drei trägt. Gemeint ist die taktische Position, nicht die Rückennummer. In den Neunzigern spricht man vom sogenannten Staubsauger vor der Abwehr. Die Sechs ist die schwäbischste aller Positionen. Gründlich, zuverlässig, unauffällig. Aber alle Fäden in der Hand. Beim VfB ist die Sechs die Position der Ikonen. Unbedingter Publikumsliebling. Wer mit Sachverstand rangeht, wird zugeben: Die Mittelfeldversteher mit der Sechs sind zu allen Epochen die größten Helden im Brustring.

Erwin Hadewicz. Personifiziertes Gegenteil von Pelé. Erstickt zwischen 1975 und 1983 den Zauber des Gegners im Alleingang. Ausnahmespieler. Ist immer dort, wo Hansi Müller nicht anpacken will. Sensationelle Laufleistung. Klare Grätsche.

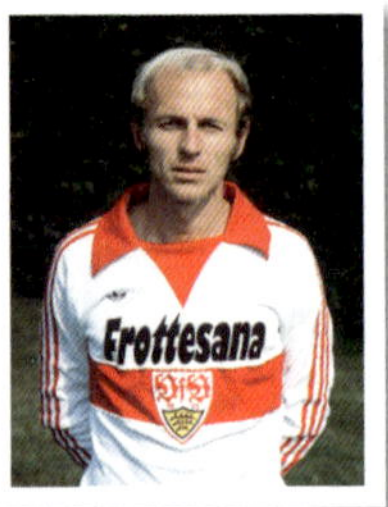

Erwin Hadewicz

Jürgen Hartmann. Schwäbische Mischung aus Claudio Gentile und Andoni Goikoetxea. Teilweise unsichtbar. Verstellt jeden freien Raum, lange bevor ihn der Gegner sieht. Effektiv, aber fair. Klebrig am Gegner. Ganz feiner Spieler. 1985 bis 1992 im Brustring. Immerhin 12 Tore.

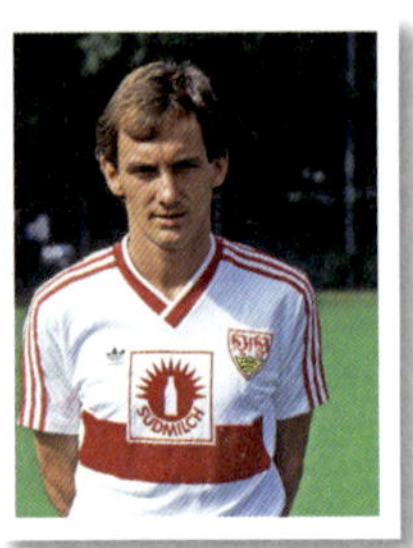
Jürgen Hartmann

Srečko Katanec. Nur eine Spielzeit beim VfB. Großartiger Sechser vor Innenverteidiger Buchwald. Wer's in Stuttgart auf der Sechs schafft, der schafft es überall. Wechselt nach dem UEFA-Cup-Finale zu Sampdoria Genua.

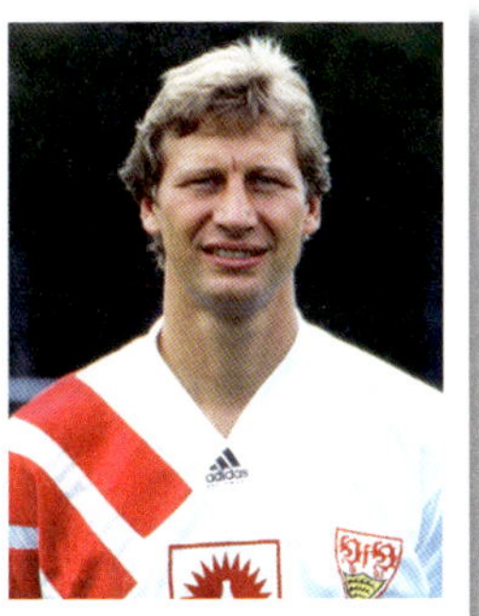
Guido Buchwald

Guido Buchwald. Diego! Gestalt gewordener Alptraum von Maradona. Turm im UEFA-Cup-Finale. Maradona kein Stich. Rückspiel gesperrt. Zentraler Spieler im WM-Finale in Rom. Maradona wieder kein Stich. Meistermacher von 1992. Kopfballtor nach Flanke von Kögl. All-time-Hero. Beim VfB oft in die Abwehrkette eingereiht. Kein Mittelstürmer der Welt bekommt einen Stich.

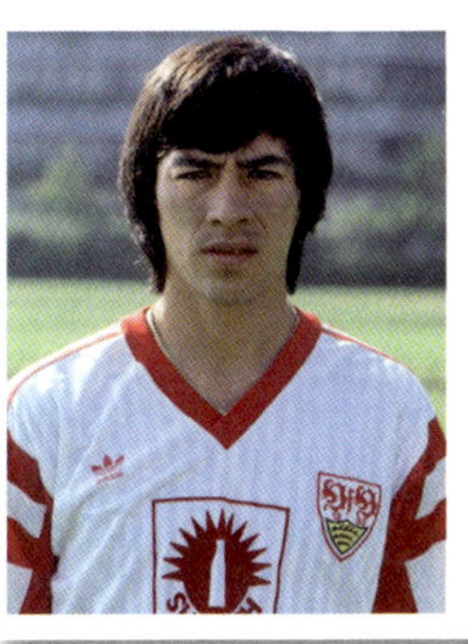
José Basualdo

José Basualdo. Nicht ganz so großer Sechser aus Argentinien. Wird Herbst 1989 als Katanec-Ersatz geholt. Zuverlässig, aber ohne Glanz. Verschwand von der Bildfläche, als das Fritzle auftauchte. Bis heute hält sich das Gerücht: Im Fritzle steckt der Basualdo drin.

Eyjólfur Sverrisson. Aus Sauðárkrókur gekommen. Auf Empfehlung von Ásgeir Sigurvinsson. Nachwuchstalent aus der isländischen U21 (im Basketball). Deutscher Meister mit dem VfB 1992. Noch ruhiger als Sigurvinsson. Klassischer Sechser. Später Nationaltrainer von Island. Auch auf der Bank ruhiger als sein Vorgänger (Ásgeir Sigurvinsson).

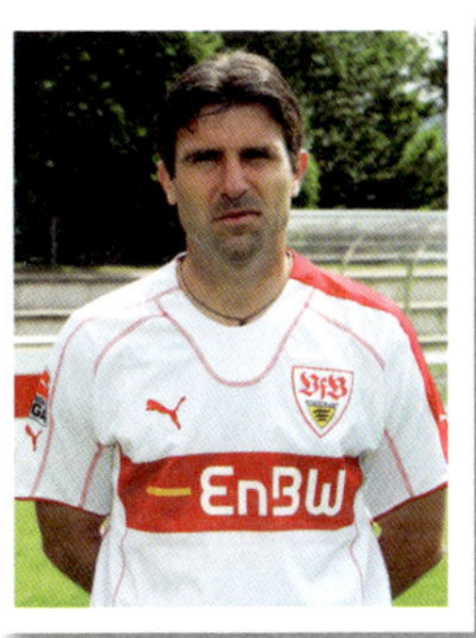

Zvonimir Soldo

Zvonimir Soldo. Zagreber Schwabe. Beim VfB ein Jahrzehnt auf der Sechs. 399

Pflichtspiele im Brustring. Ohne Soldo kein magisches Dreieck. Ohne Soldo keine jungen Wilden. Beendete beim VfB seine große Karriere. Rückennummer 20. Große Sechs. Legende!

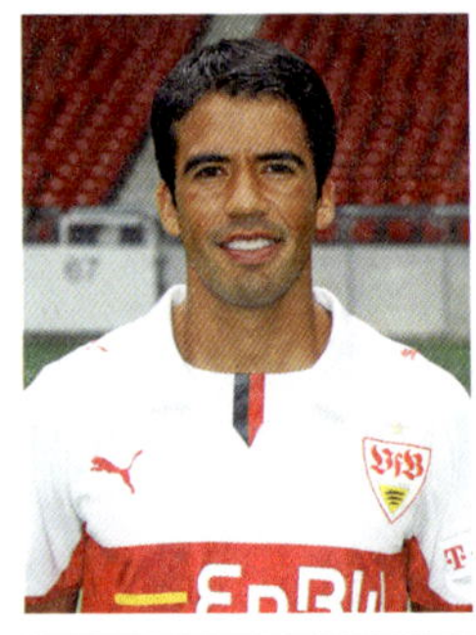

Pável Pardo

Pável Pardo. Mexikanischer Mittelpunkt der Welt. Meister-Sechser 2006/07. Zweieinhalb Jahre im Brustring. Läuft für zehn Jahre. Tadellose Grätsche. Tadelloses Lächeln.

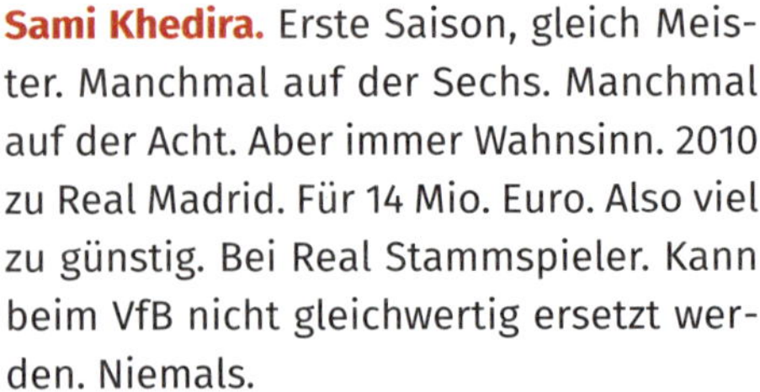

Sami Khedira. Erste Saison, gleich Meister. Manchmal auf der Sechs. Manchmal auf der Acht. Aber immer Wahnsinn. 2010 zu Real Madrid. Für 14 Mio. Euro. Also viel zu günstig. Bei Real Stammspieler. Kann beim VfB nicht gleichwertig ersetzt werden. Niemals.

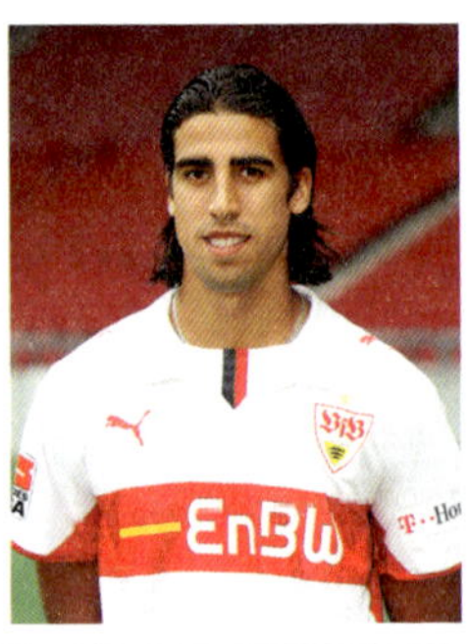

Sami Khedira

Wataru Endō. Legendō! Japanischer Einsachtundsiebzig-Riese. Manga-Sechser mit Superkräften. Verliert seit Geburt keinen Zweikampf. Ballverteilomat. Überall-Endō. Schießt im Sommer 2022 den VfB in der Nachspielzeit des letzten Spiels zum Klassenerhalt. 92. Minute. Der Fußballgott köpft ein. Höchst persönlich.

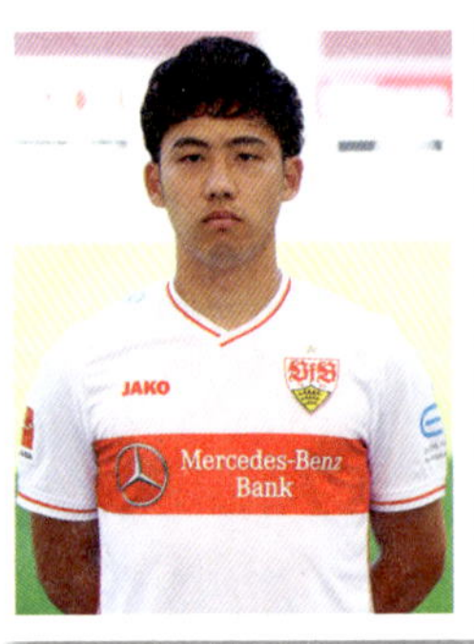

Wataru Endō

Auch groß auf der Sechs: Roland Hattenberger, Geoffrey Serey Dié, Carlos Dunga, Thomas Hitzlsperger, William Kvist, Zdravko Kuzmanović, Matthias Sammer, Santiago Ascacíbar.

Nachspielzeit

Schwemme

Nicht desinfiziert seit 1977 – so muss das aussehen. Tradition verpflichtet. Wer allerdings genau hinsieht: Neuer Fußboden, neuer Tresen, und (fast) die saubersten Toiletten von Cannstatt. Trotzdem musste Schwemme-Wirt Wasilis beim Renovieren aufpassen. Bloß kein Facelifting. Seine Stammgäste sind extrem penibel. Die tiefen Schrammen sind schließlich heilig. Es sind historische Nächte, an denen sie entstanden waren. Weißt du noch? Jajaja. Man muss den ehrlichen Putz schätzen, der von den Wänden fällt ...

Baracke oder Idyll? Die Romantik überwiegt. Was von weitem nach einem abgefuckten Gebrauchtwagenhändler aussieht, entpuppt sich bei näherem Hinsehen als Inbegriff rustikaler Nächstenliebe. Wenn alles andere geschlossen ist: In der Schwemme gibt es für Schlaflose und Frühaufsteher immer noch einen flüssigen Trost. Ohne viel Gelaber. Substanz zählt.

Es lohnt sich übrigens, die Schwemme zu googeln. Die tausend 5-Sterne-Bewertungen sind lesenswert. Kaviar, Kunstausstellung oder Kellner sind allerdings ein Lehrbeispiel dafür, dass eine virtuelle Realität nicht existiert. Nicht am Cannstatter Bahnhof. Nur dass Mario Gómez mal zu Gast war, das stimmt wirklich.

Wikinger

Tageslicht wird überbewertet. Die Sonne ist eh schon untergegangen, wenn man nach dem Spiel an der Haltestelle unter dem Charlottenplatz aus der Strampe kippt. Dann ist der Zeitpunkt vorbei, in dem man eine Tageslichtkneipe braucht. Der Wikinger im Rücken des Bahnsteigs reicht völlig. Sieht aus wie ein ausgebauter Hobbykeller im XL-Format. Es gibt nur ein Hobby: Biertrinken. Ein paar Monitore sind angebracht. An Tagen, die was taugen, läuft Fußball. Darunter blinken die üblichen Daddelautomaten. Mehr Ausstattung wäre zu viel. Eine Kneipe ist keine Galerie, in der man die Exponate an der Wand interpretieren muss. Es gibt nur eine Installation, die wichtig ist: den Zapfhahn.

Auch Einrichtung wird überbewertet. Die Gäste machen die Atmo. Manche wurde an der Bar festgeklebt. Dafür läuft die Bruddelei wie geschmiert. Wurscht, ob man in Gruppen bruddelt oder allein ins Bier. Wichtig ist ein aufmerksamer Service. Auf den kann man sich im Wikinger verlassen. Drängt sich nicht mit Geschichten auf. Merkt aber, wenn zu viel Luft im Glas ist. Ein idealer Ort, um alle anderen Katastrophen auszublenden. Zum Rauchen kurz an die frische Luft gehen? Kannste machen. Draußen sind Tische und Stühle aufgestellt. Es ist der Zeitpunkt, an dem du kaum noch merkst, dass die Luft so frisch gar nicht ist, dort unten in der U-Bahn-Haltestelle unter dem Charlottenplatz.

Kalaluna

Info für die Auswärtigen: Stuttgart ist größer. Soweit die S-Bahn fährt, ist irgendwie Stuttgart. Mindestens. Bietigheim und Kirchheim. Esslingen, Böblingen, Waiblingen und Göppingen. Die -heimer, die -inger und alle anderen aus den schönsten Naherholungsgebieten der Welt sind seit jeher Jungs aus Cannstatt. Die gefühlte Wahrheit zählt. Insofern ist der Unterschied marginal, ob du VfB im Stadion oder im Kalaluna schaust.

Die Atmo in der Groß-Kneipe, stilecht im Schorndorfer Industriegebiet gelegen, atmet sich fast wie Stadion. Der Wirt Matthias Kalafatis zählt bei wichtigen Spielen locker über tausend Gäste. So viele Bildschirme, so viele Schals und noch mehr Trikots. Kalafatis sammelt VfB-Trikots. Über 700 hängen an den Wänden und von der Decke. Darunter manche Raritäten, wie das Fan-Trikot von Kult-Fan Julius Weller. Gott hab ihn selig. Kalaluna? Der Planet Kalafatis verhält sich zum Neckarstadion wie der Mond zur Erde. Alles dreht sich um den Brustring. Wenn Kalafatis die Glocke läutet, ist die Welt eben in Ordnung. Dann hat entweder der VfB getroffen oder Bayern eine Kiste gefangen. In den schönsten Sekunden des Jahres: beides gleichzeitig.

Gebrauchte Tage

Wer richtig liebt, muss Schmerzen aushalten können. Sportlich gesehen. Manchmal tut es halt weh. VfB-Fans feiern die großen Siege mit besonderer Inbrunst. Weil sie wissen: Es hätte auch anders ausgehen können – wie an diesen drei Tagen:

8. November 1994. Achtelfinale im DFB-Pokal. So was von November. Maximal trostlos. Im Grünwalder Stadion bröckelt der Beton. Mistwetter. Kaum Leute in den Kurven an diesem schaurigen Dienstagabend. Der VfB verkackt gegen Bayern, zweite Mannschaft. 6:7 nach Elfmeterschießen. Stirb langsam.
15. Mai 2016. Schon vor dem Spiel hatte der VfB nur theoretisch die Chance, die Bundesliga zu halten. Das 1:3 in Wolfsburg gibt uns den Rest. Auch die Zweite des VfB steigt ab, von der Dritten Liga in die Regionalliga. Weil die Zweite im letzten Spiel gegen Wehen ein Tor mehr kassiert als nötig, reißt sie die Kickers mit in den Abgrund. Resultat: Stuttgarter Abstiegstriple. Mahlzeit.
27. Mai 2019. Montagabend. Rückspiel der Relegation bei Union Berlin. Am Donnerstag hatte der VfB einen 2:0-Vorsprung vergaigelt. Jetzt müsste ein Sieg her. Müsste. Aogo trifft per Freistoß. Warum Gonzales dabei ins Abseits läuft, ist eine der Menschheitsfragen, auf die es keine vernünftige Antwort gibt. Der VfB steht sich selbst im Weg – schon die gesamte Saison. Berlin, ein Horrortrip. Das, was die Union-Fans unter Feiern verstehen, vervollständigt stilecht eine gebrauchte Saison.

Enttäuschung pur bei Holger Badstuber nach der verlorenen Relegation im Mai 2019

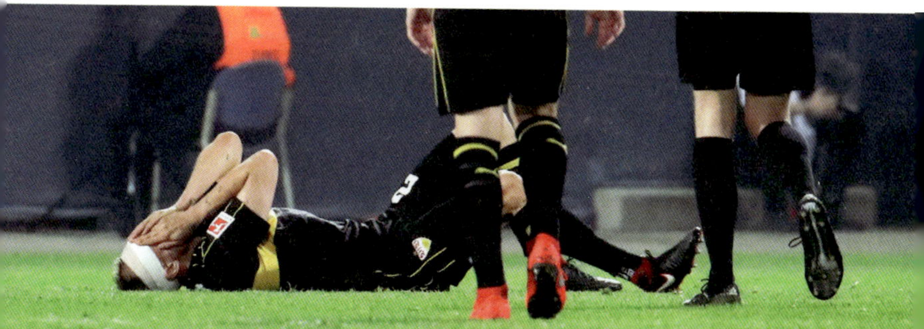

Die Elf des Jahrhunderts

Schwierige Wahl. Völlig klar, dass vor allem Spieler ausgesucht werden, die die Wählerinnen und Wähler erlebt haben – live und in Farbe. Trotzdem hat es Robert Schlienz in die Auswahl geschafft. Vielleicht der Größte. Vielleicht. Das Ergebnis einer Wahl aus dem April 2012. Als der Verein sein 100-Jähriges feierte, stimmten rund 25.000 Fans ab.

Tor

Timo Hildebrandt
221 Spiele von 1999 bis 2007

Abwehr

Karlheinz Förster
272 Spiele von 1975 bis 1986

Günther Schäfer
331 Spiele von 1980 bis 1997

Marcelo Bordon
129 Spiele von 1999 bis 2004

Mittelfeld

Guido Buchwald
325 Spiele von 1983 bis 1994

Krassimir Balakow
236 Spiele von 1995 bis 2003

Karl Allgöwer
338 Spiele von 1980 bis 1991

Sami Khedira
98 Spiele von 2006 bis 2010

Robert Schlienz
425 Spiele von 1944 bis 1958

Sturm

Jürgen Klinsmann
156 Spiele von 1984 bis 1989

Giovane Élber
338 Spiele von 1996 bis 1998

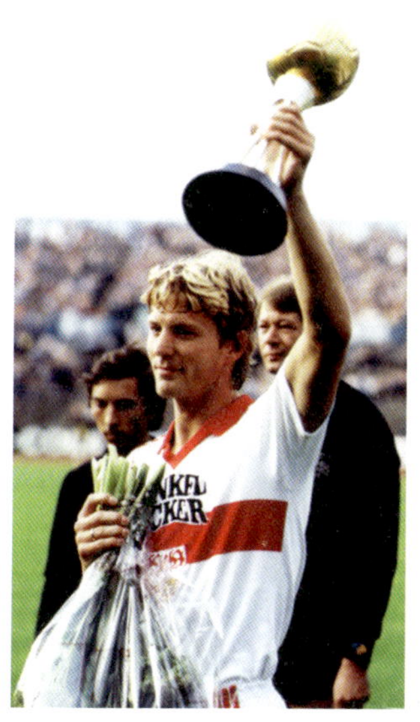

Karlheinz Förster

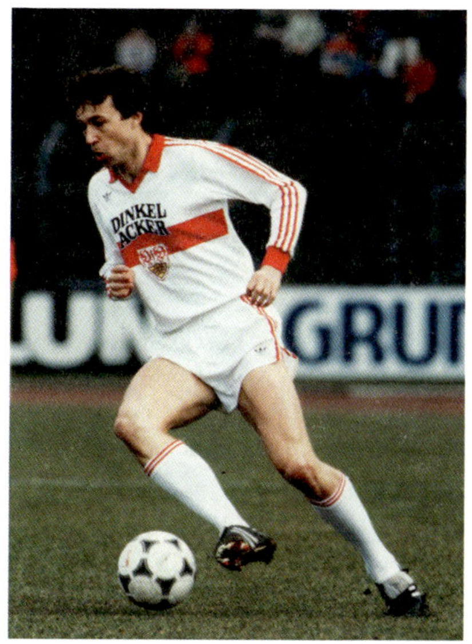

Karl Allgöwer

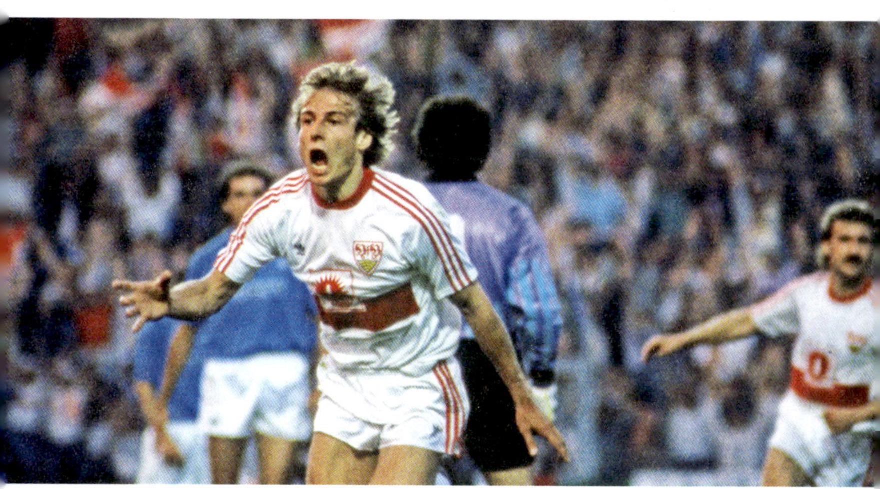

Jürgen Klinsmann

Trennungsschmerzen

Timo Hildebrandt

Legenden-Torhüter. Hält den VfB-Kasten wochenlang sauber. Hält aber viel zu viel von seinem Berater Dušan Bukovac. Kein Wunder, der hatte zu Mayer-Vorfelders Zeiten schon steinhart verhandelt, zum Beispiel den Rentenvertrag für Krassimir Balakow. Brutalo Bukovac verteilt die Abwanderungswünsche von Hildebrand an die Presse. Dass er die Fan-Sympathien für seinen Schützling verzockt, ist ihm wurscht. Es geht um mehr: Geld. 2005 findet man noch zusammen. Timo Treulos unterschreibt für zwei Jahre. Aber sein Kredit ist verspielt. Die Fans feiern ihn erst in der Rückrunde der Meistersaison. Vor allem nach der Monsterparade in Bochum. Kaum ist die Meisterschale gesichert, geht das Theater wieder los. Diesmal endet es in einem Wechsel nach Valencia, wo die Torhüter-Karriere knickt. Sie endet in Millionärshausen auf der Ersatzbank. Jahre später erzählt Hildebrandt, dass er in wichtigen Verhandlungen von Bukovac im Stich gelassen wurde. Er fühlt sich damals komplett überfordert, doch es fehlt ihm allzu lange die Kraft, sich vom dominanten Spielerberater zu trennen.

Danijel Ljuboja

Der Serbe mit dem schrägen Iro-Cut kommt vom VfB einfach nicht los. Er unterschreibt im April 2006 einen Dreijahresvertrag. Gleich darauf will er nachverhandeln. Doppelt so viel Kohle. Manager Heldt stellt ihn öffentlich an den Pranger: „Charakterlos, dreist und unver-

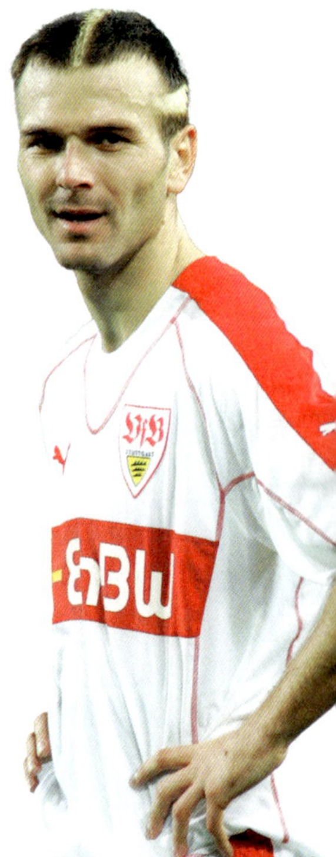

Kein einfacher Zeitgenosse: Danijel Ljuboj

schämt." Ljuboja fliegt erst aus dem Kader. Dann wird er nach Hamburg verliehen. Dort läuft es nicht besser. Der VfB findet in Wolfsburg noch einen Verein, der ihn leiht, aber nicht lange. 2008 steht der schwierige Kollege wieder auf der VfB-Matte. Unter Veh schafft er es zeitweise in die Mannschaft. Als Markus Babbel kommt, benimmt sich Ljuboja wieder daneben. Drei Jahre Theater enden mit einem Wechsel nach Grenoble.

Pablo Maffeo

Riesentransfer vom VfB-Manager und selbsterklärten Perlentaucher Michael Reschke. Nach Stuttgart kommt er, weil Altbier-Reschke einem freundschaftlichen Rat von Pep Guardiola folgt. Der Trainer-Guru sieht, wie der junge Maffeo bei Manchester City fremdelt. Wie gut, dass er ihn loswerden kann. Unter Reschkes Verantwortung überweist der VfB neun Mio. Euro nach England. Zu Beginn der Saison 2019/20 steht Maffeo zweimal in der Startelf. Dann kommt er noch fünfmal von der Bank, erhält im Kicker nur die Note 4 und schlechter. Das Mega-Talent rückt ins zweite Glied. Maffeo will loskommen vom VfB, vergeblich. In der Rückrunde gibt VfB-Präsident Wolfgang Dietrich zu, dass der Hochbegabte „komplett quer im Stall" steht. Maffeo wird freigestellt. Der deutliche Präsidenten-Formulierung steigert den Maffeo-Marktwert nicht unbedingt. Es folgen Leihen zum FC Girona, SD Huesca und RCD Mallorca. Im Sommer 2022 trennen sich die Wege. Der kleine Bub funktioniert nur innerhalb der Grenzen seiner Heimat.

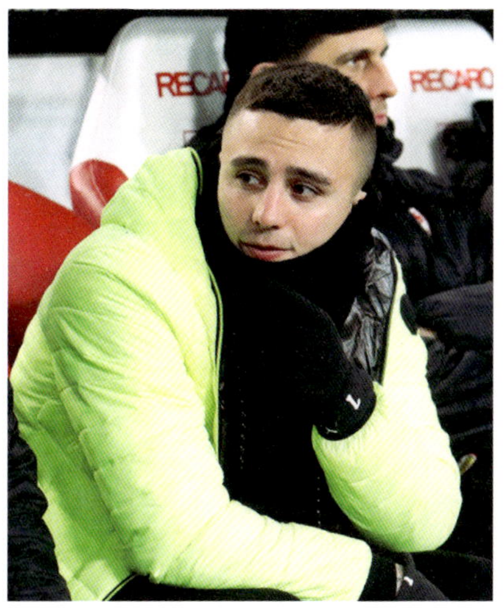

Unglücklicher Bankdrücker: Pablo Maffeo

Furchtlos und treu

Wer hundert Jahre einen Mythos aufgebaut hat, sollte ihn keinesfalls in die Hände von Kommunikationsagenturen geben. Sonst schrumpft er. Das Fachblatt „New Business" meldet 2014, dass die Werbeagentur Panama den VfB beim Markenprofilierungsprozess unterstützt. (Man sollte grundsätzlich Prozessen misstrauen, die mehr als 25 Buchstaben lang oder noch komplizierter sind.) Hätte sich die Agentur auf ihr grafisches Können beschränkt, ihr Job wäre ein tadelloser geworden. Endlich kehrt der durchgezogene Brustrings auf den Trikots zurück. Das gefällt dem Mythos.

Was ihm weniger gefällt, sind drei Worte, platziert unterhalb des Wappens. „Furchtlos und treu", steht da. Und man ahnt, es handelt sich um einen Slogan. Die Markengurus bedienen sich tief im Vorvorgestern. Württemberg – schön und gut. Aber muss man ein Motto aus der Mottenkiste holen, das auf den Gürtelschnallen von Soldaten stand? Das auch von den Nazis verwendet wurde – auf dem Wappen, das sie Württemberg verordnet hatten? Im Jahr 2014 darf „Furchtlos und treu" zweifellos als Befehl an die Mitglieder verstanden werden: Bei den anstehenden Umstrukturierungen sollen sich alle gefälligst untertänigst verhalten. Also wählen, was den VfB-Kings gefällt.

Als Fan kann man sich den Slogan schönreden. Vielleicht so: Württemberg war einst ein Vielvölkerstaat, zusammengesetzt aus Ländereien von Hohenlohe bis Oberschwaben. Also Vielfalt und Toleranz von Geburt an. Oder so: König Wilhelm I, etablierte mit seiner Frau Katharina eine fortschrittliche und fürsorgliche Monarchie. Sie gründeten Krankenhäuser, Sparkassen und Universitäten. So verstanden, bezieht sich das vorgestrige Motto auf ein einigermaßen aufgeschlossenes Weltbild. Allerdings darf aus werblicher Sicht festgestellt werden: Slogans, die man sich mit mehr als 25 Worten schönreden muss, sollte man grundsätzlich misstrauen.

Demokratur

Das moderne Fußball-Business explodiert, aber Stuttgart ist arm wie eine Kirchenmaus. Um frisches Geld in den Betrieb zu bekommen, schmiedet das VfB-Establishment einen Plan. Im Rahmen einer sogenannten Ausgliederung werden Investoren am Profi-Betrieb beteiligt. Sie müssen sich nur einkaufen. Was frisches Geld bringt. Gut, dass Daimler-Mann Winfried Porth im VfB-Aufsichtsrat sitzt. Porth ist menschlich schwer zu ertragen, aber der VfB ist wild, jung und braucht das Geld. Porth bringt Daimler, das Establishment stellt in Wolfgang Dietrich einen Kandidaten zur Präsidentschaftswahl. Keinen zweiten. Der alternativlose Dietrich hat schon bei Stuttgart 21 offene Baustellen und verbrannte Erde hinterlassen. Aber er weiß, wie man das Maximale aus Daimler herausquetscht. Schwierig genug, denn in diesem Sommer 2015 ist der VfB frischer Zweitligist. Auf der Versammlung 2017 kommt die notwendige Mehrheit zustande. Fast 14.000 Mitglieder sind erschienen, um abzustimmen. Glückliche Fans, zufriedenes Establishment: Der Plan wird umgesetzt. Die Probleme offenbaren sich später.

Problem 1: Die Abstimmung. Weniger als 10.000 Stimmen werden gezählt. Damit fehlen mehr als 3.000. Der VfB beteuert, dass alles mit rechten Dingen zugegangen sei. Aber zahlreiche Indizien sprechen für technisches Versagen – und für aktives Wegschauen von VfB-Führung und VfB-Notar. Niemand legt Einspruch ein. Um des Vereinsfriedens willen.

Problem 2: Wie gewonnen, so zerronnen. Beim VfB bestimmen die falschen Leute. Das frische Geld ist schneller futsch als der neue Kader ins Laufen kommt. Drei Jahre später dreht Stuttgart eine weitere Ehrenrunde durch die zweite Liga.

Problem 3: Dilettantische Kampagne. Die VfB-Kommunikation pfeift auf den Datenschutz. Bei einem Datenleak vier Jahre später kommt ans Licht, wie stümperhaft gearbeitet wurde. Die Datenaffäre spült das gesamte alte VfB-Establishment aus Ämtern und Jobs.

Direkte Demokratie

Ein denkbar ungünstiger Zeitpunkt für eine Mitgliederversammlung. Im Sommer 2019 ist Stuttgart frisch abgestiegen, nach einer typischen VfB-Saison mit x Trainerentlassungen. Sportchef Reschke, der Fans als „ahnungslose Vollidioten" beschimpft hatte, ist schon weg. Der Zorn konzentriert sich auf den Frontmann: Präsident Dietrich. Einer vom alten Schlag. Ein Macher, kein Zuhörer. Ein routinierter Fußball-Finanzjongleur, doch mit Distanz zu gesellschaftlichen Werten. Eingesetzt vom VfB-Establishment als Blitzableiter. Einst hatte er großmäulig luftgeblasen, den VfB unter die Top 3 in Deutschland zu führen. Jetzt sitzt er als trauriger Zweitliga-Vorsitzender vor seinen Mitgliedern.

Die Versammlung wird spannender als ein Bundesligaspiel. Ein Gewitter braut sich zusammen. „Die Vernunft kann sich mit größerer Wucht dem Bösen entgegenstellen, wenn der Zorn ihr dienstbar zur Hand geht", sagt Kabarettist Georg Schramm, als wäre er ein Stuttgarter. Dann versagt die Technik. Mal wieder. Diesmal gründlich. Die Leute sollten per Handy abstimmen, aber das W-LAN geht in die Knie. Während die Techniker basteln, geht die Aussprache weiter. Unzählige Redebeiträge, von denen keiner dem Präsidenten nützt. Nach sechs Stunden Versammlung ist klar: Nichts geht mehr. Auch nicht die beantragte Dietrich-Abwahl. W-LAN down. Das Gewitter entlädt sich mit Blitz und Donner. Die Mitglieder pfeifen und schreien, was die Organe hergeben. Sitzungsende, Dietrich geht trotzig und braucht dabei Personenschutz. Minutenlanges Pfeifkonzert. Am nächsten Morgen tritt Dietrich mit einem galligen Statement zurück. Auch ohne Technikversagen: der VfB erlebt einen zutiefst demokratischen Moment. Direkter kann eine Demokratie kaum sein.

Schwieriges Umfeld

Wenn beim VfB von „schwierigem Umfeld" gesprochen wird, sind keine dubiosen Charaktere gemeint, sondern wohlmeinende Menschen. Das „schwierige Umfeld" wird in Blogs und Podcasts geboren. Prallvoll mit Ironie. T-Shirts und -Tassen werden hergestellt. In Stuttgart ist es hip zum schwierigen Umfeld zu gehören. Dabei ist es am Neckar nicht schwieriger als anderswo. Überall wird durchgemeckert: in Köln, in Hamburg, in Bremen, auf Schalke. Je lausiger der Tabellenplatz, desto schwieriger das Umfeld. So beschreibt es die Presse. So plappern es Funktionäre. Ihre Kritik richtet sich an die Kurve. „Ganz falsche Richtung", widerspricht Andreas Zweigle von vertikalpass.de. Er meint: „Beim VfB sitzen Bruddelei und überzogene Erwartungen in erster Linie Business, in den Logen und in den Gremien des VfB. Denn dort wissen sie schon immer aufgrund ihrer Konzern-Erfahrung, wie leicht es ist, den VfB an die Spitze zu führen."

Während Dietrich als Präsident durchregiert, gehen die Klicks der VfB-Blogs, -Foren und -Podcasts durch die Decke. Seine Amtszeit fällt in eine Phase, in der soziale Medien boomen. Die Fans entdecken die neuen Medien – und eine neue Art von Information. Man kann sogar seinen Senf drunter schreiben. Das Web stopft die Lücken, die die Sportpresse offenlässt. Denn der VfB gibt seinen Haus- und Hof-Medien zu verstehen, dass Interviews nur bei gefälliger Berichterstattung gewährt werden. PR per Daumenschraube. Das Pressehaus ist voll auf Dietrich-Linie. Nur bei Bloggern, in Foren und Podcastern (m/w/x) wissen die weiß-roten Meinungsvorschreiber aus der Mercedesstraße nicht, was sie tun sollen. Resultat: Das selbsternannte „schwierige Umfeld" boomt. Einfach den Begriff googeln, schon taucht es auf. Extrem vielfältig, inspirierend, lustig, kritisch aber niemals schwierig.

Und die Frauen?

Fortschrittlicher, vielfältiger VfB! Schon vor rund hundert Jahren hat der VfB ein Frauenteam gründet. Technisch extrem versiert, stark am Ball und durchaus erfolgreich. In den Goldenen Zwanzigern des letzten Jahrhunderts formiert sich die Frauenmannschaft. Die Damen haben einen Schläger in der Hand. Sie spielen Hockey. In den Fußballabteilung des VfB tut sich auf der weiblichen Seite des Feldes wenig. Präzise: gar nichts. Hundert Jahre: gar nichts. Beim großen Württembergischen Fußballverein spielen nur Männer.

Die Abteilung für Frauenfußball wird 2021 gegründet. Eine Kooperation mit dem VfB Obertürkheim erleichtert den Einstieg. Aus Obertürkheim übernimmt der große VfB nicht nur die Spielerinnen, sondern auch die Trainingsplätze. Manches bleibt, wie es ist. Aber in Weiß und Rot mit Brustring drumrum. Seit August 2022 ist die Veränderung sichtbar. Beim VfB spielen Frauen Fußball. Endlich!

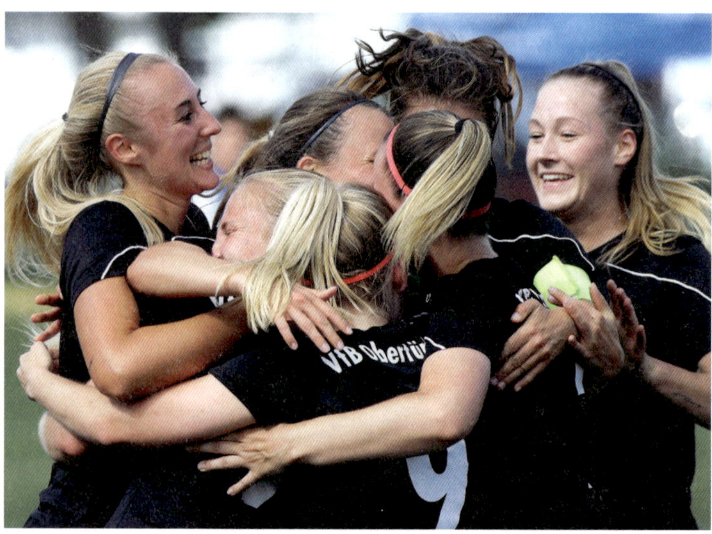

Spielt seit August 2022 im Brustring: das Frauenteam des VfB Obertürkheim

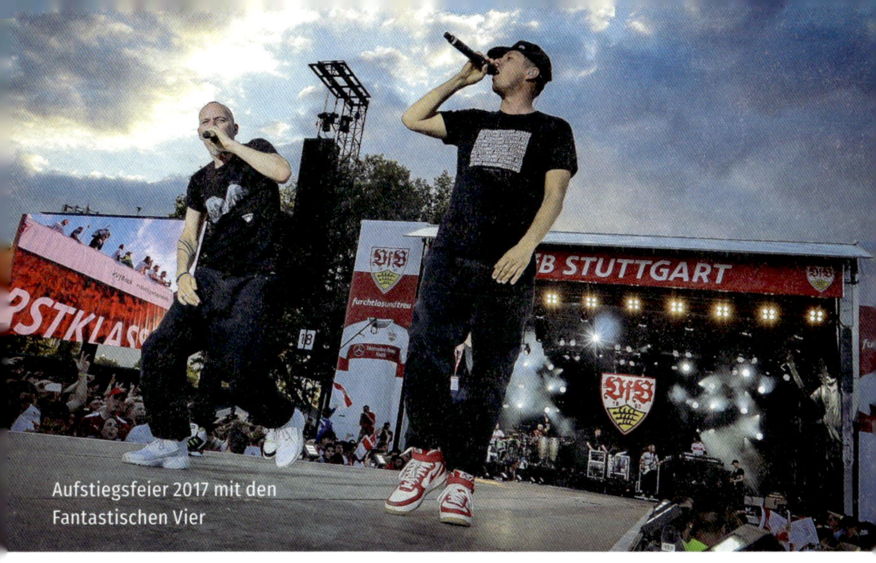

Aufstiegsfeier 2017 mit den Fantastischen Vier

Flohmarkt geht vor

Vorteil in Zweitliga-Spielzeiten: Aufstiegsfeier in Aussicht! 2017 und 2020 geht es sofort wieder zurück in die erste Liga. Extra-Bonus obendrauf: Wenn die Meisterschaft zeitig feststeht, wird die Feier von langer Hand organisiert. So geschehen 2017, als mit dem VfB vor dem letzten Heimspiel gegen die Würzburger Kickers der Meister schon bekannt ist. Also wird auf dem Wasen eine große Bühne aufgebaut. Prima Wetter, super Feier, la Ola ohne Wellenbrecher.

Ganz anders als 1992. Damals kommt der Erstligatitel eher überfallartig. Vor allem für die Stadtverwaltung. Schließlich gilt das ungeschriebene Gesetz, wonach die Meisterschale gefälligst vom Rathausbalkon zu präsentieren ist. Doch beim Titel 92 geht in Stuttgart der Flohmarkt vor! Rathaus und Marktplatz sind aus wichtigen Gründen blockiert. Für die Feier wird vor dem Stadion eine kleine Bühne improvisiert. Oberbürgermeister Rommel verscherzt es sich mit den Fans. 30.000 Fans feiern wie verrückt. Und der Schultes erklärt auf Amtsdeutsch, warum der Flohmarkt so wichtig ist. Rommels Einlassungen dauern länger als sein Glückwunsch … Aber mit Oberbürgermeistern hat der VfB häufig Pech. 2012 wird der Grüne Fritz Kuhn gewählt, ein bekennender Bayern-Fan.

Feiern wie die Weltmeister

14. Mai 2022, VfB Stuttgart gegen den 1. FC Köln. 92. Minute. Endō Fußballgott! Das Neckarstadion explodiert, wie es selbst eingefleischte VfB-Fans noch nie gehört haben. Bierduschen. Kollektiver Wahnsinn. Trainer Matarazzo kommt unter den Alligator Fritzle, die Mannschaft liegt drüber. Auch im Stadion holt keiner mehr Luft. Alle schreien. Im Mittelfeld wirbelt eine schwarze Kugel über den Rasen. Die Bilder entlarven später: Sportchef Mislintat ist der Flitzer. Ein paar Minuten vorher hatte Hertha einen Gegentreffer in Dortmund kassiert. Ein paar Sekunden später wird die Saison abgepfiffen. Hertha muss in die Relegation, Stuttgart gelingt der Klassenerhalt. Platzsturm. Mega!

Fans, die nur semi-euphorisch unterwegs sind, schauen sich anderntags das Kopfballtor von Wataru Endō rund tausend Mal auf youtube an. Normale VfB-Fans öfter. Stuttgart feiert, wie nur Stuttgart feiern kann. „In Stuttgart denkt man ja, sie haben die Weltmeisterschaft gewonnen. Dabei sind sie nur nicht abgestiegen“, meckert Uli Hoeneß. VfB-Vorstandschef Wehrle kontert: „Wenn man die Emotionen bei den Feiern der Bayern sieht, denkt man, sie sind gerade Zehnter geworden – und nicht zum zehnten Mal Meister.“ Soll der Hoeneß mal Stuttgart erleben, wenn der VfB wieder Meister wird. Morgen vielleicht noch nicht. Aber wer weiß … dieser Verein ist schließlich unberechenbar seit 1893.

Grenzenloser Jubel: Wataru Endō nach dem späten Siegtreffer

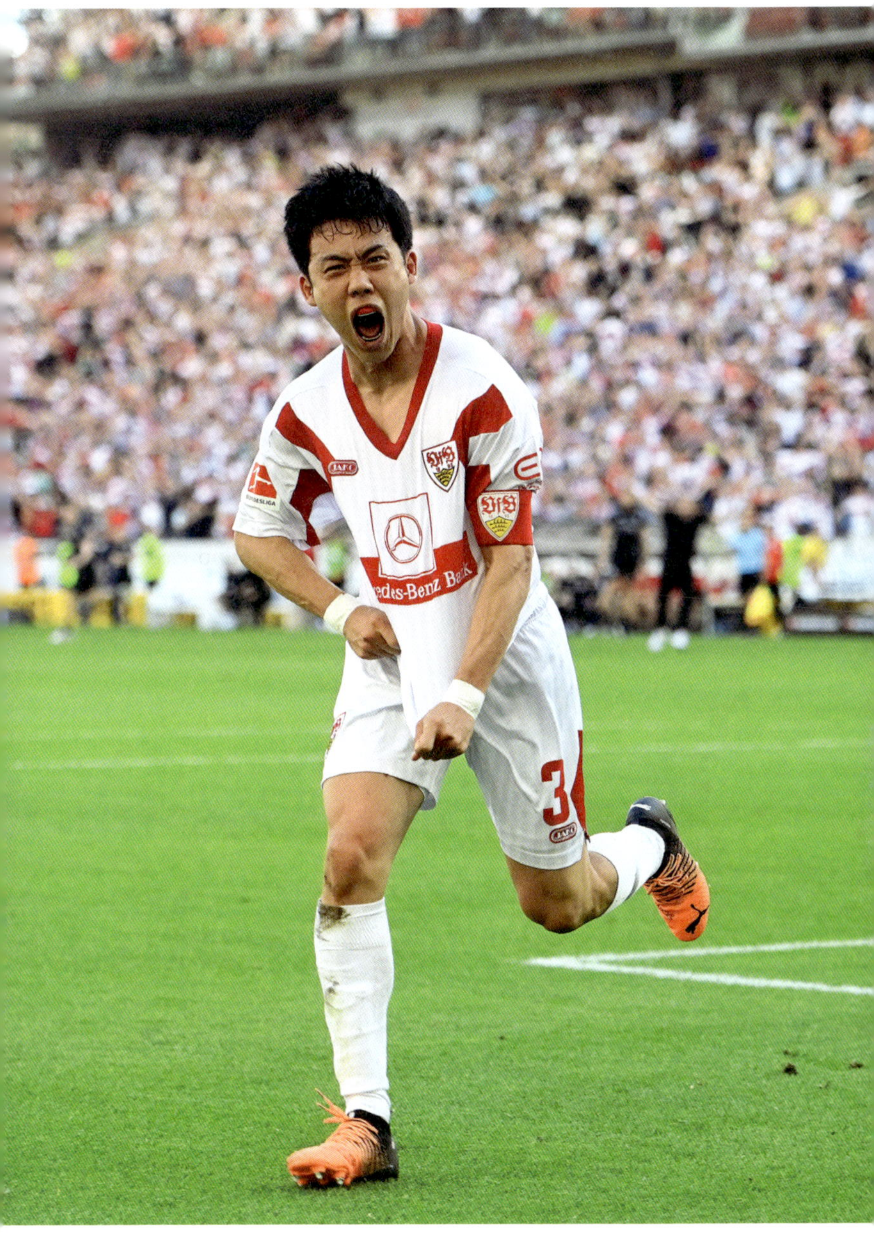
VfB
JAKO

Das Quiz für echte VfB-Experten

1. Welche Rückennummer trug Jürgen Klinsmann bei seinem Fallrückzieher-Tor-des-Monats gegen Bayern im November 1987?

a) 3
b) 9
c) 18

2. Der VfB spielte schon in den Gründungsjahren auf dem Wasen. Der erste Platz lag wo?

a) an den drei Linden
b) an den drei Pappeln
c) an den drei Eichen

3. Welche VfB-Ikone stieg mit dem KSC aus der Bundesliga ab?

a) Timo Hildebrandt
b) Guido Buchwald
c) Fredi Bobic

4. Gegen welchen Verein wurde der VfB drei Jahre in Folge in der ersten Runde des DFB-Pokals gelost?

a) BFC Dynamo Berlin
b) Babelsberg 03
c) Hansa Rostock

5. Wie nennen Fans der Stuttgarter Kickers den VfB Stuttgart?

a) die Vasen
b) die Hasen
c) die Lampen

6. Wie viele VfB-Spieler wurden später Nationaltrainer in der Schweiz?

a) 1
b) 2
c) 3

7. Welcher VfB-Spieler zertrat einem Journalisten die Brille?

a) Frank Verlaat
b) Jens Lehmann
c) Axel Kruse

8. Welche VfB-Spieler erhielt die erste Gelbsperre, damals nach dem vierten Gelb der Saison?

a) Karlheinz Förster
b) Roland Hattenberger
c) Dragan Holcer

9. Gegen welchen Verein hat der VfB in der Bundesliga noch nie gewonnen?

a) 1. FC Saarbrücken
b) SpVgg Unterhaching
c) FC 08 Homburg

10. Welcher VfB-Spieler wurde nur einmal Deutscher Meister?

a) Ludovic Magnin
b) Benjamin Lauth
c) Christian Gentner

11. Wer trat bei einem Konzert im VfB-Trikot auf?

a) Dave Gahan von Depeche Mode
b) Frida von ABBA
c) Keith Richards von den Stones

12. Welcher VfB-Trainer war am Wunder von Bern 1954 beteiligt?

a) Georg Wurzer
b) Rudi Gutendorf
c) Albert Sing

13. Gegen welchen Gegner gewann der VfB seinen einzigen nationalen Supercup?

a) Bayern München
b) Hannover 96
c) Eintracht Frankfurt

14. Woher stammt Mario Gómez?

a) aus Upflamör (Schwäbische Alb)
b) aus Unlingen (Donau)
c) aus Unterstadion (Oberschwaben)

15. Wie nannte sich das erste Spieltagmagazin des VfB Stuttgart?

a) tip top
b) stadion aktuell
c) neckar nachrichten

16. Im einem Jahr kamen gleich zwei Tunesier zum VfB – vom selben Verein. Von welchem?

a) Hannover 96
b) VfL Wolfsburg
c) Eintracht Braunschweig

17. Welcher VfB-Spieler wechselte niemals nach Madrid?

a) Karlheinz Förster
b) Gerhard Poschner
c) Sami Khedira

18. Zwei Treffer in zwei Minuten gab es beim legendären 4:4 im März 2012 in Dortmund. Wer war der Torschütze?

a) Martin Harnik
b) Christian Gentner
c) Julian Schieber

19. Wie heißt der Stadionsprecher, der in seinen Interviews so lange Fragen stellt, dass der Gefragte kaum zu Wort kommt?

a) Holger Laser
b) Christian Pitschmann
c) Günther Willmann

20. Wie hieß der legendäre Treff der VfB-Fans, der dem Neckarpark weichen musste?

a) Pauls Bierkneiple
b) Egons Wurschtbude
c) Ottos Vesperstüble

21. Der Heimatverein von Karl Allgöwer ist?

a) SV Glück Auf Altenstadt
b) SV Apfelstetten 1952
c) TSV Wäschenbeuren

22. Um sich beim Getränkemarkt Sigurvinsson zu treffen, fährt man nach?

a) Reykjavik
b) Denkendorf
c) Heslach

23. Vier deutsche Vereine standen im UEFA-Cup-Halbfinale 1979/80. Gegen welchen Club schied der VfB aus?

a) Eintracht Frankfurt
b) Bayern München
c) Borussia Mönchengladbach

24. Saison 1976/77: Wie viele Tore machte Ottmar Hitzfeld beim 8:0-Heimsieg gegen Jahn Regensburg?

a) 5
b) 6
c) 7

25. Welcher VfB-Spieler wurde Weltmeister ohne Einsatz?

a) Horst Köppel
b) Kevin Großkreutz
c) Eike Immel

26. Welcher VfB-Profi war nach der Karriere an TV-Pokertischen im DSF und Das Vierte zu sehen?

a) Eike Immel
b) Manfred Kastl
c) Thorsten Legat

27. Welcher VfB-Präsident bezeichnete in einer öffentlichen Talkrunde alle Sportjournalisten als „Schmierfinken“?

a) Gerd Mäuser
b) Wolfgang Dietrich
c) Gerhard Mayer-Vorfelder

28. Welcher Teilnehmer der WM 1974 absolvierte genau ein Bundesligaspiel für den VfB Stuttgart?

a) Ademir da Guia (Brasilien)
b) Etepe Kakoko (Zaire)
c) Ivan Buljan (Jugoslawien)

Quiz-Lösungen

1 a
2 b
3 b
4 c
5 c
6 c – Gilbert Gress, Ottmar Hitzfeld, Murat Yakin
7 a – Jens Lehmann trat auf die Brille eines Fans
8 c
9 b
10 b
11 b – bei einem Konzert 1979 in der Böblinger Sporthalle
12 c – als Assistenztrainer mit besonderer Schweiz-Erfahrung
13 b
14 b
15 a – eingeführt von Präsident Hans Weitpert im Jahr 1969
16 a – Mo Abdellaoue und Karim Haggui
17 a
18 c
19 a
20 c
21 a
22 b
23 c
24 b
25 b
26 b
27 a
28 b

Zitate

„Ich bin eine sehr gute Mischung."
Mario Gómez

„Entweder ich gehe links vorbei oder ich gehe rechts vorbei."
Ludwig Kögl

„Die Sanitäter haben mir sofort eine Invasion gelegt."
Fritz Walter, der jüngere

„Bei so einem Spiel muss man die Hosen runterlassen und sein wahres Gesicht zeigen."
Alexander Strehmel

„Unser Schiff hat Schlagseite. Es lässt sich nur wieder aufrichten, wenn wir alle auf dieselbe Seite gehen."
Willi Entenmann

„Entweder ich schaff den VfB oder der VfB mich."
Christoph Daum

„Das Schlechteste am heutigen Spiel ist, dass ich nichts zu meckern habe."
Felix Magath

„Im Großen und Ganzen war es ein Spiel, das, wenn es anders läuft, auch anders hätte ausgehen können."
Eike Immel